THÈSE

POUR

LA LICENCE

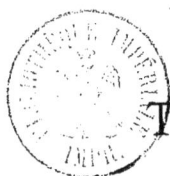

THÈSE

POUR LA LICENCE.

UNIVERSITÉ DE FRANCE. — ACADÉMIE DE RENNES.

FACULTÉ DE DROIT.

THÈSE POUR LA LICENCE

JUS ROMANUM... De non numeratâ pecuniâ.

DROIT FRANÇAIS. De la forme de la lettre de change
et de l'engagement de ses divers
signataires.

CETTE THÈSE SERA SOUTENUE LE LUNDI 25 NOVEMBRE 1867

A DEUX HEURES DU SOIR

PAR JULES GOÜIN

Né à Nantes, le 16 octobre 1846.

EXAMINATEURS :

MM. BODIN, doyen,
HUE,   } Professeurs.

THOMAS,
DE CAQUERAY,   } Agrégés.

NANTES,
IMPRIMERIE DE Mme Ve C. MELLINET, PLACE DU PILORI, 5.

1867

A MON PÈRE.

—

A MA MÈRE.

—

JUS ROMANUM.

DE NON NUMERATA PECUNIA

Gaius III, 128 à 134 ; IV, 116. — Institutiones Justiniaui, III, 21 ; IV, 13 § 2.
Codex Justiniani, IV, 30.

I.

De origine et naturâ exceptionis non numeratæ pecuniæ.

Jure Civili, qui se per formam civilem obligationis, seu litteris, seu verbis, obligaverat, tenebatur contractu qui ex verbis scripturâve nascebatur, nihilque intererat cujus acti gratiâ verba aut scriptura intervenissent.

Verba scripturave causa civilis obligationis erant. Hoc fieri poterat, quum obligatio non *re* aut *consensu* contracta esset, et quum, ad confirmandam obligationem quæ ex contractu re aut consensu nascebatur, intervenirent stipulatio vel scriptum in contractibus quibus his nullum opus erat.

Primo casu, debitor tantummodò tenebatur actione quæ ex stipulatione nascebatur, scilicet condictione. Secundo, debitor simul contractu verbisque tenebatur, et si creditor non posset aut nollet actione ex contractu uti, actionem ex stipulatu adhibere poterat.

Porrò fieri poterat ut, in mutuo, exempli causâ, stipulatio numerationem pecuniæ antecederet, ferè sicut apud nos mutuans syngrapham facit, priusquàm pecuniam acceperit. Poterat quoquè fieri ut, postquàm stipulationi responsum fuisset, stipulans abnueret numerationem facere contractumque efficere cujus causâ mutuans promiserat.

Quo casu promittens non *re* obligabatur; nihil enim acceperat; atque ille qui ei pecuniam numerare debebat, non poterat ab eo potere quod non debebatur per condictionem quæ ex mutuo nascebatur. Quod tamen faciebat per condictionem quæ ex stipulatione nascebatur, scilicet actione ex stipulatu. Mutuans verbis obligatus erat ad restitutionem et reddere debebat, etiamsi nihil accepisset.

Quod idem erat, quondam saltem, si loco stipulationis contractui superpositæ, expensilationem, contractum *litteris*, fingimus. Creditor codici suo inscripsit se pecuniam debitori numerâsse; condictione certi uti potest ad id quod non præbuerit repetendum.

Idem igitur iniquum in obligatione litteris ac in obligatione verbis erat. Scriptura, sicut verba, causa civilis erat obligationis. Debitor strictè jure civili restituere cogebatur quod non acceperat.

Principia quoque juris civilis hoc magnum debitori impedimentum afferebant, ut cogeretur tam difficilem negationis probationem facere. Etenim si quis contractus fingitur ipse actionem parens, nullius stipulationis aut expensilationis ope, sed munitus cautione quæ, creditori tradita, testatur debitorem erga eum emptionis, aut locationis, aut societatis, aut damni causâ obligatum esse, creditor actionem habebat quæ ex contractu nascebatur, scilicet actionem empti, locati, pro socio, damnive, nec ita ullo modo cautione debitoris utebatur. Nulla igitur ex cautione nascebatur actio. At si debitor, contractûs causâ postulatus, negaret contractum perfectum fuisse, seque rem cujus pretium peteretur, accepisse; si negaret se unquàm in societate fuisse, aut damnum fecisse, cui incumbebat probatio contractûs obligationisque? Stricto jure creditori: incumbit enim probatio ei qui dicit, non ei qui negat. Sed cautio a debitore subscripta pro confessione habebatur quæ eum obstringebat. Nullam aliam rationem afferre creditori opus erat, et debitor cogebatur contrà confessionem suam probare, necessariòque ostendere nullum intervenisse contractum, quod plerùmque non poterat.

Hoc igitur debitori maximè iniquum erat incommodumque. Etenim qui nihil acceperat, restituere cogi poterat, ex obligatione quæ verbis litterisve contracta fuerat, onusque probationis negationis illi incumbebat.

Quum prætores præscriptiones formulis inscribere permiserunt exceptionesque comparaverunt, hæc injuria per exceptionem in factum doli mali corrigi potuit.

At, sicut aliæ exceptiones, doli mali exceptio reo imponebat onus probandi quæ ad se defendendum obtestabatur. Reus excipiendio fit actor. Ita ut, si quandò reus probare posset non effectum fuisse mutuum, sique aliquam viam se defendendi haberet, hoc tamen non semper fieri poterat, incommodumque permansit, quamvis injuria correcta fuisset.

Sine dubio, hâc difficultate probationis faciendæ usi sunt fœneratores, postque propositam doli mali exceptionem, cautiones exigebant in quibus major pecunia deberi dicebatur quàm reipsâ numerata fuerat.

Ad hanc sanè consuetudinem evertendam introducta fuit exceptio non numeratæ pecuniæ, ex exceptione in factum doli mali orta, sed quæ hoc proprium habebat, ut onus probandi numerationem in actorem transferret.

Attamen Diocletiani Maximianique constitutio ait hanc exceptionem comparatam fuisse, quia negationis probatio nulla est. « Cùm inter eum qui factum adseverans onus subiit probationis, et negantem numerationem (*cujus naturali ratione probatio nulla est*) et ob hoc ad petitorem hujus rei necessitatem transferentem, magna est differentia. » (C. de non num. pec. l. 10.)

Quamvis hæc legitima ratio vera sit, propius est fidem, sic juri communi derogatum fuisse non modò, ut ait Cujacius post Romanam legem (C. de non num. pec. l. 1), veritatis servandæ causâ, sed quoque odio improborum fœneratorum qui ab egentibus mutuam sibi pecuniam dari petentibus, cautionem exigebant, et posteà aut dare nolebant, aut non quantùm promiserant. (Pothier Pandectæ Justinianæ, l. 44, t. iii, art. 2.)

Quo tempore introducta fuit exceptio non numeratæ pecuniæ ? Gaii tempore, qui se obligaverat, mutuam pecuniam accepturus quæ minimè posteà ei numerata fuerat, solà exceptione doli mali uti poterat. (Gaius, IV, 116.) Ulpianusque eidem exemplo mutui alludens, tantùm de doli mali exceptione loquitur. (D. de doli mali et metùs exceptione, l. 2, § 3.)

Tunc tamen in usu erat exceptio non numeratæ pecuniæ ; etenim quum abnuat, tanquàm inferiorem, exceptionem doli mali filiofamilias et liberto adversus parentes et patronos, eos dicit exceptionem in factum conceptam illis opponere posse. « Ut si fortè pecunia non numerata dicatur, objiciatur exceptio pecuniæ non numeratæ. » (D. eodem titulo, l. 4, § 16.)

Circiter igitur ducentesimum annum introduci potuit hæc exceptio, inter regna Marci Aurelii et Heliogabali.

Sicut supra dicimus, id habet proprium exceptio non numeratæ pecuniæ, ut probationis onus in creditorem transferat ; sed ut utilis sit, opponenda est intra quoddam legibus definitum tempus a die quo promissio facta est cautioque exposita. Necesse igitur est creditorem intra hoc tempus actionem intendere ; aliter exceptio debitori fiet inutilis ; atque ut non cogatur numerationem pecuniæ probare, creditor tantùm in jus vocabit debitorem lapso tempore lege statuto ad opponendam exceptionem. Quod ad vitandum, agebat debitor prior perque condictionem, cautionem aut syngrapham quam injuste subscripserat, petebat.

Inter hanc condictionem exceptionemque magna est differentia, de quâ infrà loquemur. Hic tamen dicemus probationis onus illi imponi qui eâ utitur. Etenim quum creditor petit indebitum, jure cogitur probare petionem suam æquam esse ; quum verò non agit, et eum in jus vocat debitor, nihil suprà legem consuetudinemve illi sinendum est. Fortè enim non tacet creditor, ut tempus debitori utile prætermittat, sed quia nunquàm jure suo uti vult. Quo igitur casu iniquum esset ei probationem incumbere.

II.

Quando huic exceptioni locus sit vel non.

Primùm constat huic exceptioni modò locum fuisse, quum debitor

verbis aut litteris obligaretur, aut saltem, non litteris obligatus, creditori cautionem tradidisset.

Sed contractus litteris mox obsolevit, et quum Cicero (1) inauditum
habeat, nullas civem Romanum tenere tabulas; jam tempore Neronis,
Asconius (2) hanc consuetudinem veterem esse dicit.

Scripta ex quibus nascebatur expensilatio, et ideò condictio certi,
paulatim cum instrumentis confusa sunt. Possumus igitur arbitrari,
quod ad contractum litteris attinet, exceptionem non numeratæ pecuniæ tantummodò ad instrumenta accommodatam fuisse.

Codicis titulus qui de hâc exceptione est, tantùm de hoc scriptorum
genere loquitur, quod solum in usu fuit tempore Imperatorum quorum
Constitutiones Codici includuntur. Quo casu igitur exceptio tantùm
data erat ut onus probandi numerationem incumberet creditori qui
cautionem habebat.

Obligationi vero verbis contractæ, ex quâ nascebatur actio ex
stipulatu, semper opponi potuit exceptio non numeratæ pecuniæ. At
sine dubio obligatio verbis ipsa multò in minore usu fuit, ab exceptione non numeratæ pecuniæ introductâ. Etenim, quoniam qui eâ
utebatur probare debebat contractum effectum esse, quoniamque
debitor restituere cogebatur non quia hanc susceperat obligationem,
sed quia pecunia ei re verâ numerata fuerat, tunc debitor non jam
verbis, sed *re* obligabatur, exceptionique non locus erat. Attamen
quàmvis in Codice parùm de stipulatione agatur, sine dubio a principio, forsitanque diu, opposita fuit ei exceptio non numeratæ pecuniæ, magnamque igitur rationem stipulationis ducere debemus in
hoc studio.

Adhibebaturne hæc exceptio solùm quum stipulatio cautiove intervenissent mutui causâ, cujus totam solutionem petebat creditor,
quamvis nullo modo pecuniam, aut tantùm partem pecuniæ dedisset,
an quoque adhibebatur, quum promissio cautiove ex aliâ causâ
proficiscebantur?

Alexandri quædam Constitutio monstrare videtur exceptioni non
numeratæ pecuniæ modò locum esse, quum de pecuniâ quasi creditâ

(1) Cicero in Verrem, actio 2, lib. I, p. 23.
(2) Asconius in Verrem, actio 2.

agitur. « Ignorare autem non debes non numeratæ pecuniæ exceptionem ibi locum habere, ubi *quasi credita pecunia* petitur. Cùm autem ex præcedente causâ debiti in chirographum quantitas redigitur, non requiritur, an tunc, cùm cavebatur, numerata sit, sed an justa causa debiti præcesserit. » (C. de non num. pec., l. 5.)

Cum hâc constitutione Alexandri conjungenda est Constitutio Justini (l. 18) ex quâ : « Si quid scriptis cautum fuerit, pro quibuscumque pecuniis ex antecedente causâ descendentibus, eamque causam specialiter promissor edixerit, non jam ei licentia est causæ probationem stipulatorem exigere ; cum suis confessionibus acquiescere debet ; nisi certè ipse e contrario per apertissima rerum argumenta scriptis inserta, religionem judicis possit instruere, quod in alium quemquam modum et non in eum, quem cautio perhibet, negotium subsecutum sit. » Hinc Diocletianus et Maximianus aiunt (l. 11) : « Si transactionis causâ dare Palladio pecuniam stipulanti spopondisti, exceptione non numeratæ pecuniæ defendi non potes. » Hinc et Antoninus (l. 6) « Frustrà opinaris exceptione non numeratæ pecuniæ te esse munitum, quandò (ut fateris) in ejus vicem qui erat obligatus, substitueris te debitorem. »

His in casibus, causa præcedens est obligatio solvendi pecuniam, nec inquirere necesse est cujus rei gratiâ intervenerit transactio, aut obligatio illius qui se debitorem substituit.

Sed Cujacius ait opponi posse exceptionem non numeratæ pecuniæ contra actiones quæ ex obligationibus *re* contractis, ut contra actionem commodati, et quandoque debitum ex aliâ causâ in stipulationem deducatur.

Dicit quoque Justinianus (l. 14): « In contractibus in quibus pecunia *vel aliæ res* numeratæ, vel *datæ* esse conscribuntur.... non numeratæ pecuniæ exceptionem objicere possit, qui accepisse pecunias vel alias res scriptus sit, vel successor ejus. »

Quo fit ut exceptio non numeratæ pecuniæ opponi posset in aliis casibus ac in quibus de mutuo agebatur. Sed hoc non principium universale est, atque ex eâdem 14 lege colligimus certarum rerum depositum exceptari. Ut, si quis rem in causam depositi accepturus, scripserit se rem accepisse, non ei licentia sit opponendi exceptionem non numeratæ pecuniæ depositori qui restitutionem exigit. Depositarii erit probare se non depositum accepisse. Interest enim depositum fideliter restitui, nec in eo reddendo mora fieri potest, malæ fidei causâ depositarii. Præterea actioni depositi non opponitur compensatio, aut deductio, aut retentio. Ante omnia restituendum.

Sed hoc tantùm cadit in depositum rerum certarum, aut specierum pro rebus certis habitarum. Etenim etiam quum de pecuniâ aut rebus quæ pondere, numero, mensurâve constant, agitur, contractus depositi intelligi potest, ex quo depositarius eosdem nummos, easdem res ac quas accepit restituere cogitur. Aliter vero fieri potest, et quum depositæ sunt res quæ pondere, numero aut mensurâ constant, componi potest ut depositarius his rebus utatur, dum res similes restituat. Hoc non verum depositum est, sed mutuum; quo casu æquum videtur exceptionem non numeratæ pecuniæ depositario dari, qui nihil acceperit.

Opponi igitur poterat exceptio in multis casibus; at procul dubio, sæpissimè in usu erat, quum de mutuo pecuniæ ageretur.

Non solum de totâ pecuniâ, sed et de ejus parte non numeratâ hæc exceptio opponi potest. (L. 3, § 9.)

Hâc quoque uti potest debitor qui pignus dedit aut hypothecam aut fidejussorem creditori, spe futuræ numerationis. (L. 1, § 3.)

Pignus, fidejussio et hypotheca adjecti contractus sunt qui rescisione principalis contractûs labuntur; ex hoc percipere possumus exceptionem non numeratæ pecuniæ multùm valere, quia pignus, fidejussio et hypotheca non pro probatione habebantur contractum principalem effectum fuisse.

Quum in nuptiali instrumento scriptum est dotem datam aut promissam esse marito, nec dos numerata est, ille exceptionem non numeratæ pecuniæ opponere potest, a quo dos potest repeti. Etenim, ut Severus Antoninusque dicunt : « Dotem numeratio, non scriptura dotalis facit. Et ideò non ignoras ita demum te ad petitionem dotis admitti posse, si dotem a te reipsâ datam probatura es. » (C. de dote cautâ non num. l. 1.)

Ut socer, uxor ejusve heredes dotem a marito et heredibus ejus repetere possint, probare debent eam numeratam esse, quum ejus numerationis mentio in dotali instrumento facta est. At si, præter instrumenta dotis, sit etiam apocha quâ vir dotem sibi numeratam confitetur, non potest (nec heredes ejus) exceptionem non numeratæ pecuniæ repetentibus opponere, etiamsi nihil acceperit. (C. de non num. pec. 1. 14.) Sic maritus donationem post nuptias uxori facere poterat, per scriptum quo confitebatur dotem ab uxore datam, quamvis receperit nullam ; et quum donationes inter conjuges legitimæ fuerunt, mariti heredes hanc donationem revocare potuissent, oppositâ exceptione non numeratæ pecuniæ. Itaque ad id prohibendum fingere oportet maritum qui apocham, quamvis non numeratâ dote, dedit, durante matrimonio mortuum esse, non hâc revocatâ donatione. Donatio enim constante matrimonio inter conjuges facta, morte donatoris in eâdem voluntate perseverantis, confirmatur.

Non dabatur exceptio quum debitor fidem cautionis agnoscens, etiam solutionem portionis, vel usurarum fecisset. « Intelligis enim (1. 4) te de non numeratâ pecuniâ nimium tardè querelam deferre. » Namque hoc vera professio debiti est. Si indebitum solvisset, per condictionem indebiti agere poterat.

Non datur quoque exceptio solidario codebitori, quum a creditore convenitur ad solutionem pecuniæ quæ reipsâ numerata est alii debitori pro quo intervenit. (C. de duobus reis prom. aut stipul. l. 4.)

Adversus securitates publicarum functionum non datur exceptio. (De non num. pec. l. 14.) Id introductum est favore collatorum. Qui a fisco apocham accepit securus est, etiamsi dicatur emissa spe futuræ numerationis.

Non potest etiam opponi argentariis ; nam rationes eorum pro publicis instrumentis habentur, et quod apud eos fit, maxime fidem facit. Sed duntaxât potest ipsis deferri jusjurandum, intra tempus huic exceptioni statutum.

Cessat denique exceptio lapsu temporis intra quod opponi debet.

III.

Quibus hæc exceptio competat.

Hæc exceptio, rei cohærens, datur debitori principali, mandatori, fidejussori, heredi, creditoribus.

1° Debitori principali datur etiamsi pignus aut hypothecam dederit.

Si contractus cum servo debitoris principalis factus fuerit, non opus est domino exceptione non numeratæ pecuniæ, quia servus qui stipulare potest promittere nequit. « Melior conditio nostra per servos fieri potest, deterior non potest. » Creditor non ex stipulatu contra dominum agere posset ad id restituendum quod non dederit, quia stipulatio ex quâ actionem suam deduceret inutilis est. Tantùm agere posset actione ex contractu, et tunc cogeretur probare contractum effectum esse, et, si de obligatione re agitur, rem quam repetit, traditam. Idem dici potest de stipulatione cum filiofamilias factâ, quum pater ex hac obligatus fuerit. Sed de peculio castrensi stipulare poterat, tuncque debitor principalis fiebat.

2º Mandatario. Jure civili nemo pro alio in actis juridicis intervenire poterat. At paulatim de hoc stricto principio derogatum est, et quibusdam exceptis actis in quibus principalis reus ipse agere debebat, quisque alii præcipere potuit ut pro eo in quodam acto interveniret. Mandatum vero id proprium semper habuit, ut mandatarius se suo nomine obligaret, eique et contra eum darentur actiones directæ. Postea dedit jurisprudentia utiles actiones mandatori contra debitores, et vice versâ.

His principiis exceptioni non numeratæ pecuniæ accommodatis, si Titio mandaveris ut a Seio X millia mutuetur, et si Titius, postquàm se ad restituendum X millia Seio obligaverit, aut apocham dederit, nihil aut tantùm IX millia acceperit, repetenti Seio opponet exceptionem non numeratæ pecuniæ, quamvis tu solus ex mutuo fructum ceperis, quia Seii debitor principalis est. At si Seius, non directâ actione utens, te in jus per utilem actionem vocaverit, poteris ei exceptionem non numeratæ pecuniæ opponere, quamvis decem millia Titio numeranda fuissent, seque ille ad restituendum obligaverit, aut apocham dederit. Poterat igitur mandator exceptionem non numeratæ pecuniæ, quoque modo intervenisset mandatum, opponere.

3º Fidejussori. « Exceptiones quibus debitor defenditur plerùmque accommodari solent etiam fidejussoribus ejus, et rectè : quia quod ab iis petitur, id ab ipso debitore peti videtur. » (Inst. IV. XIV. 4.) Etenim si fidejussor solvere cogeretur, ad principalem reum reverteretur. Ille verò, quamvis nihil creditori deberet, reddere tamen cogeretur mandati judicio fidejussori quod ille pro eo solverit.

2

Non dabatur verò exceptio expromissori : etenim se obligavit loco rei principalis qui ita liberatus fuit. Ex lege 6 (de non num. pec.) non munitus est exceptione qui se, in ejus vicem qui erat obligatus, substituit debitorem.

4° Heredi. Jus actionem instituendi, aut exceptionem opponendi continetur in patrimonio illius, personæ cujus vicem sustinet heres. Ut exceptio rei cohærens est, lex ex quâ heres opponere non numeratæ pecuniæ exceptionem potest, nullo modo de jure communi decedit. Heres in loco defuncti est, et si intra legibus definitum tempus, qui cautionem exposuit nullâ querimoniâ usus defunctus sit, residuum tempus heres habebit. Sin vero legitimum tempus excessit, in querimoniam creditore minimè deducto, omnimodo heres ejus debitum solvere compellitur. (L. 8.)

5° Creditoribus denique debitoris datur exceptio non numeratæ pecuniæ, si reus principalis, absens præsensve hâc non utitur. Romano jure, nequit creditor actiones negligentis debitoris exercere. Personales enim erant actiones. Permiserat tantùm prætor creditoribus rescissionem petere actorum quæ debitor per fraudem fecerat. Creditores igitur nomine suo suoque periculo a judice petunt, ut actum quod jure civili valet, in irritum tamen constituatur, remque recuperent, quæ in fraudem eorum a debitore alicui tradita fuit; sed agere debent fraudemque et consilium nocendi debitoris probare.

Lex 15 (de non num. pec.) ex quâ creditores non numeratæ pecuniæ exceptionem opponere possunt in loco debitoris tali auxilio uti supersedentis, dissidere videtur cum eo quod supra de personalibus actionibus dictum fuit. Sed observandum est eos tantùm illâ uti posse, quum in lite intervenerunt, sive ipsi conveniantur, utpote bona destinentes debitoris, sive, contrà mutui creditorem actionem possidentes, illi non numeratæ pecuniæ exceptionem opponant.

Quum ipsi, suo nomine, conveniuntur, ut bona debitoris possidentes, aut quum alios qui ea detinent conveniunt, tunc verè in loco debitoris sunt, possuntque actionibus exceptionibusque, ut ipse uti.

IV.
De tempore intra quod hæc exceptio opponenda sit.

Temporalis erat exceptio non numeratæ pecuniæ : intra definitum tempus eam opponere debebat debitor, quo præterito, non jam allegare poterat pecuniam non numeratam fuisse. Perpetua tamen erat doli mali exceptio ex quâ orta erat exceptio non numeratæ pecuniæ. Hoc ex naturâ illius exceptionis proficiscitur : silentium enim debitoris per quoddam tempus pro tacitâ numerationis professione haberi poterat.

Hoc tempus, antiquo jure, fuit anni, deinde quinquennii ; Justinianus intra biennium exceptionem conclusit, a die quo apocha scripta fuerat, aut obligatio verbis contracta.

Menstruum etiam hoc tempus fecit Justinianus quibusdam casibus, præcipuè in fœnore.

Ex aliâ constitutione Justiniani (de Dote cautâ non num. l. 3), hæc exceptio, quum opponi potest repetitioni dotis promissæ sed non numeratæ, intra annum continuum competit a soluto matrimonio morte mulieris maritive, aut repudio.

Ex Novellâ centesimâ (cap. II, §. 1) si ultra biennium constiterit matrimonium, inter tres menses duntaxat competit. Si decennium transierit, nec vir querelam de dote non numeratâ in judicio intra hoc decennium contestatus sit, hæc exceptio omnino cessat.

Ex lege 8 (de non num. pec.) si defunctus, intra definitum tempus, questus est, exceptio non numeratæ pecuniæ heredi, et adversus heredem ejus perpetuo competit.

Dicimus suprà, si creditor non ageret in legitimo tempore, debitorem qui tunc de jure exceptionem non numeratæ pecuniæ opponendi exclusus erat, apocham rectè posse repetere. Tunc per condictionem agebat, hæcque actio perpetua erat. Hæc enim non exceptio est, sed actio ; et quæ verisimiliter tantùm intendi potest post lapsum temporis ad opponendam exceptionem constituti. Multò magis enim prodest reo exceptionis ope quàm per actionem agere. Exceptionis ope, incumbit probatio numerationis creditori ; per actionem, reus cogitur probare se cautionem fecisse, nullâ pecuniâ acceptâ. Debebit igitur debitor creditori facere necessitatem, ut ille agat, tantùmmodo quum non jam ei licebit exceptione uti.

Si his solis principiis staremus, exceptionis beneficio nunquàm frui posset debitor. Itaque licentia reo datur, in tempore intra quod exceptionem opponere potest, denunciationibus scripto missis querelam non numeratæ pecuniæ manifestandi ei qui numerasse pecuniam vel alias res dedisse instrumento scriptus est; eoque modo perpetua exceptio efficitur, creditore monito ut nihil ei prosit quod actionem intendat post tempus utile debitori.

Hæc querela creditori ipsi denuncianda erat; si vero abesse eum his locis, in quibus contractus factus erat, contingeret, aut si difficile esset ei denunciationem facere, Româ et Constantinopoli, apud quemlibet ordinarium judicem, in provinciis vero, apud viros clarissimos, rectores earum vel defensores locorum, vel apud episcopum, si in provinciis non sit alius administrator civilis vel militaris, denunciatio fieri debebat.

Tantummodo igitur quum non jam utiliter exceptionem non numeratæ pecuniæ objicere posset reus, actione uti cogebatur, probationemque facere.

Observandum superest, non posse quidem objici exceptionem non numeratæ pecuniæ post tempus lege statutum; sed potest quis quandocumque allegare solvisse; et si solutum probaverit, absolvetur. Namque inter eum, qui factum adseverans, onus subiit probationis, et negantem numerationem (cujus naturali ratione probatio nulla est), et ob hoc ad petitorem ejus rei necessitatem transferentem, magna est differentia (l. 10).

V.

De pœnâ his inflictâ qui injustè hâc exceptione utuntur.

Ex Novellâ XVIII, qui adversus syngrapham perperam inficiatus est numeratam sibi pecuniam esse, actori, postquàm hoc probaverit, damnari debet in duplum; aut si reus se solvisse probaret, debet cadere soluto. Huic autem pœnæ locus est quum actor probavit; non quum reo ipsi jusjurandum deferenti, juravit se numerasse pecuniam.

DROIT FRANÇAIS.

De la forme de la lettre de change et de l'engagement de ses divers signataires.

(Articles 110-128 — 136-142 du Code de Commerce.)

INTRODUCTION.

Avant de parler de la forme de la lettre de change, il est nécessaire de dire quelques mots de son origine, et surtout du contrat de change dont la lettre de change suppose la préexistence et dont elle est le principal moyen d'exécution.

ORIGINE DE LA LETTRE DE CHANGE. — Suivant la plupart des auteurs, l'usage des lettres de change était ignoré des anciens. Les économistes et les jurisconsultes se sont dès longtemps demandé quelle en fut l'origine, et, sur ce point, trois opinions ont été émises : les uns en attribuent l'invention aux Gibelins chassés de Florence par les Guelfes ; les autres, aux Juifs qui, après leur expulsion de France, sous le règne de Philippe-Auguste (1181), auraient donné aux voyageurs et à leurs correspondants des lettres secrètes pour retirer ce qui leur appartenait, malgré la confiscation qui frappait leurs biens. Enfin, d'après une troisième opinion, la lettre de change est due au progrès du commerce, à l'extension des relations commerciales. Elle prit naissance dans les foires qui, au moyen-âge, s'établirent en France et en Italie.

Du contrat de change. — Le mot *change*, dans sa généralité, s'applique toutes les fois que l'on abandonne un objet pour en prendre un autre. Employé dans le langage du droit et du commerce, il a deux acceptions différentes : on le prend pour désigner le gain qui se fait lorsque le contrat de change intervient ; il signifie encore l'opération elle-même. Quelques auteurs définissent le change : l'échange du numéraire contre des effets payables dans une autre ville.

Le contrat de change est un contrat synallagmatique, à titre onéreux, par lequel une personne, moyennant une valeur qui lui est promise ou payée, s'engage envers une autre à lui faire payer, dans un autre lieu que celui où le contrat est formé, une certaine somme à une époque convenue. Par exemple : Primus convient avec Secundus, à Rouen, que, moyennant une somme d'argent, certaines marchandises, ou autres choses que Secundus promet de lui livrer ou lui livre, il lui fera toucher à Paris, dans un certain délai, la somme de.......

Le contrat de change est utile au commerce et à l'industrie : grâce à lui, on évite, non-seulement les lenteurs et les retards, mais encore les frais et les risques du transport des espèces. Nous allons le montrer par un exemple.

Primus, qui habite Lyon, doit 1,000 fr. à Secundus de Paris. Secundus, qui a besoin de cette somme, va trouver Tertius, son banquier, demeurant aussi à Paris, qui lui compte aussitôt les 1,000 francs dont il a besoin, à la condition que Secundus s'engage à lui faire payer, à Lyon, par Primus, les 1,000 fr. que ce dernier lui doit. Secundus, à cet effet, remettra une lettre à Tertius. Si, de son côté, Tertius doit une somme de 1,000 fr. à Quartus qui habite Lyon, il peut lui envoyer la lettre de Secundus ; Quartus ira alors, moyennant certaines formalités dont nous parlerons plus tard, toucher les 1,000 francs dus par Primus.

On évitera ainsi deux transports d'argent : celui de la somme que Primus devait envoyer de Lyon à Paris, et celui de la somme que Tertius devait envoyer de Paris à Lyon ; de plus, on éteindra en même temps deux dettes : celle de Primus envers Secundus et celle de Tertius envers Quartus.

Le contrat de change étant un contrat purement et essentiellement commercial, n'est, comme les autres conventions de cette nature, soumis à aucune forme particulière. L'acte seul qui lui donne force d'action, la lettre de change, est soumis à des règles spéciales.

Il ne faut pas confondre le contrat avec la lettre de change : elle le suppose et le met en action, mais ne le crée pas ; il est la fin, elle est le moyen, l'unique moyen même : car les actes, les écrits qui constateraient son existence, ne pourraient pas la remplacer, et n'en seraient que la promesse.

Le contrat de change diffère du prêt avec lequel quelques auteurs l'ont confondu, lorsque la valeur consistait en argent. En effet, le premier est synallagmatique, le prêt est unilatéral. Dans le contrat de change, la somme donnée doit être remboursée dans un lieu différent ; le prêt est le plus souvent payable dans le même lieu. Dans le contrat de change, celui qui donne la valeur n'a d'action contre celui qui la reçoit qu'autant que le tiers chargé de payer dans un autre lieu ne paie pas. Dans le prêt, le prêteur peut agir directement contre l'emprunteur.

Les effets du contrat de change à l'égard de celui qui s'est engagé à faire payer une somme dans un autre lieu, en échange d'une certaine valeur reçue, précèdent ou suivent la remise de la lettre de change.

Sa première obligation consiste à remettre, à l'époque fixée, la lettre de change promise, payable au lieu, au temps, dans les termes et avec les énonciations convenus. Il peut aussi s'obliger à obtenir l'engagement du tiers de payer au temps désigné, c'est-à-dire délivrer la lettre de change acceptée.

Quand le contrat a été exécuté, et la lettre remise, naissent d'autres obligations : procurer l'engagement du tiers, quand la lettre a été remise sans être acceptée, et surtout la faire acquitter à l'échéance, sous peine de la restitution du capital et de dommages-intérêts.

De son côté, celui qui a fait la promesse de fournir la valeur de la lettre de change, est tenu de la remplir dans toute son étendue. Si ce sont, par exemple, des marchandises qu'il donne, il doit la garantie du trouble et de l'éviction. Il est obligé aussi de faire toutes les diligences pour que la lettre de change soit payée, si elle est entre ses mains au jour de l'échéance. En cas d'inexécution de ses engagements, il peut aussi être condamné à des dommages-intérêts.

PREMIÈRE PARTIE.

Forme de la lettre de change.

Nous avons dit que l'obligation de celui qui a reçu une valeur dans un lieu et qui a pris l'engagement de faire toucher une somme dans un autre lieu, se réalise par la délivrance qu'il fait d'une lettre revêtue de certaines formes à celui qui lui a donné la valeur. Cette lettre est la lettre de change.

On peut la définir : « Une lettre conçue en style concis, revêtue des formes prescrites par la loi, par laquelle on donne mandat à un débiteur ou à un correspondant, que l'on a dans un lieu autre que celui d'où on la tire, de compter à une personne désignée, ou au porteur de son ordre, une somme d'argent cédée en échange de pareille somme reçue en espèces, en marchandises, en compte, ou de toute autre manière (1). »

Il résulte de cette définition que l'écriture est de l'essence même de la lettre de change ; elle ne pourrait exister autrement, et on ne pourrait prouver qu'une lettre de change aurait été faite verbalement. Elle ne doit pas être faite en termes sacramentels ; peu importe, en effet, la manière dont elle est rédigée, pourvu qu'elle contienne les énonciations voulues par la loi. Elle peut être faite, soit par acte sous-seing privé, ce qui a lieu le plus souvent, soit sous la forme d'acte notarié : cette dernière forme serait indispensable, si on voulait, par exemple, constituer une hypothèque dans la lettre de change elle-même, pour la sûreté du paiement. Une personne ne

(1) Nouguier, des lettres de change.

sachant pas écrire pourrait aussi employer cette forme pour tirer une lettre de change.

La lettre de change s'appelle *traite*, lorsqu'elle est tirée par un créancier sur son débiteur, et donnée en paiement à un tiers ; *remise*, lorsqu'elle est donnée par celui qui la fournit à un individu qui est déjà son créancier. Du reste, dans le commerce, ces deux expressions sont souvent confondues et prises l'une pour l'autre.

Plusieurs personnes interviennent dans la lettre de change ; parmi ces personnes, il en est trois qui doivent nécessairement intervenir, et sans la présence desquelles la lettre de change n'existe pas. Ce sont :

1° Le *tireur ;* c'est celui qui crée la lettre de change et qui s'engage à faire payer dans un autre lieu ;

2° Le *preneur* ou *bénéficiaire ;* c'est celui qui reçoit la lettre de change en paiement de la valeur par lui fournie au tireur ou par un tiers pour son compte ;

3° Le *tiré ;* c'est celui sur qui la lettre de change est tirée, et que le tireur charge de payer.

Il y a d'autres personnes dont la présence n'est pas nécessaire à la lettre de change, mais qui s'y trouvent généralement :

L'*endosseur* est le preneur qui cède la lettre de change à un tiers par la voie de l'endossement. Si ce tiers la cède à son tour par la même voie à une autre personne, il devient aussi endosseur.

Le *porteur* est celui à qui la lettre de change a été remise par suite d'un endossement et qui la détient à un titre quelconque : il reste porteur tant qu'il ne la cède pas à un autre. Le porteur peut donc être le preneur lui-même qui n'a point cédé sa propriété.

Enfin, il y a d'autres personnes dont la présence dans la lettre de change n'est qu'accidentelle. Ainsi :

Le *tireur pour compte* est celui qui, en tirant la lettre de change, agit par ordre et pour compte d'un tiers.

Le *donneur d'ordre* est celui par ordre duquel est tirée la lettre de change par le tireur pour compte.

Le *donneur de valeur* est la personne qui fournit au tireur la valeur de la lettre de change : ordinairement, le donneur de valeur est le preneur lui-même ; mais ce peut être toute autre personne, par exemple, un débiteur du preneur.

3

Le *payeur par intervention* est celui qui, au refus du tiré de payer à l'échéance, paie, après le protêt, en intervenant officieusement pour l'un des signataires de la lettre ou pour tous.

Le *recommandataire* ou *besoin* est le tiers qui est prié par le tireur ou par l'un des endosseurs, de payer la lettre de change, à défaut du tiré.

Le *domiciliataire* est le tiers au domicile duquel la lettre de change est payable, quand le lieu du paiement n'est pas le domicile du tiré.

On appelle *accepteur* le tiré lui-même, lorsqu'il a accepté le mandat de payer qui lui est donné par le tireur, et *accepteur par invervention,* celui qui, lorsque le tiré a refusé d'accepter, accepte pour faire honneur à la signature du tireur ou d'un endosseur, ou de tous les signataires de la lettre.

Enfin, le *donneur d'aval* est celui qui, n'étant pas signataire de la lettre de change, se rend caution d'un ou de plusieurs des obligés.

ÉNONCIATIONS DE LA LETTRE DE CHANGE. — Parmi les diverses énonciations de la lettre de change, les unes sont *exigées,* les autres sont seulement *facultatives.* Remarquons que, pour qu'une lettre de change soit valable, il n'est pas nécessaire, si elle est tirée d'un pays étranger, qu'elle soit faite dans les formes usitées en France. Elle est valable, si elle est faite dans les formes voulues par la législation du lieu où elle a été créée, suivant le principe : *Locus regit actum.*

Les énonciations exigées sont celles requises pour la validité de la lettre de change. Mais parmi ces énonciations, l'absence de quelques-unes annule l'acte entièrement, l'absence des autres le fait dégénérer en simple promesse ou mandat.

Les énonciations facultatives sont celles qui peuvent être insérées dans la lettre de change, sans que leur absence puisse avoir aucune influence sur sa validité.

L'article 110 indique les mentions qui sont exigées; il faut qu'il y ait :

1° Remise d'un lieu sur un autre ;

2° Date ;

3° Indication de la somme à payer ;

4° Nom de la personne qui doit payer ;

5° Désignation de l'époque du paiement ;

6° Mention du lieu de paiement ;

7° Mention de la valeur fournie en espèces , en marchandises , en compte ou de toute autre manière ;

8° Nom de la personne à qui ou à l'ordre de qui la lettre est payable ;

9° Enfin, quoique la loi n'en parle pas, il faut la signature du tireur.

Ces énonciations étant nécessaires à la validité de la lettre de change, nous allons successivement les examiner.

1° REMISE D'UN LIEU SUR UN AUTRE. — Ainsi, il faut qu'une lettre de change soit souscrite dans un lieu pour être payable dans un autre. Cela résulte, en effet, de la nature du contrat de change qui s'exécute par la lettre de change, et par lequel une personne s'engage, moyennant une valeur qu'elle reçoit dans *un lieu ,* à faire trouver une certaine somme dans *un autre lieu.* Une lettre de change ne sera donc pas tirée d'un lieu sur un autre , dans le sens de la loi, si le tireur et le tiré habitent l'un l'intérieur d'une ville, l'autre la banlieue de la même ville.

Il y a remise de place en place, quand la lettre est tirée d'une commune sur une commune limitrophe. On s'est demandé si les lieux entre lesquels s'opérait le contrat de change devaient être nécessairement des places de commerce ? La question soulevée au Conseil d'État a été résolue dans le sens contraire : la lettre de change peut être valablement tirée d'une ville sur un bourg ou sur un village , ou d'un village même sur un autre village. En effet , ce serait entraver le commerce et obliger au coûteux et périlleux transport du numéraire , le négociant d'une ville qui fait des achats ou des ventes dans un village , que de lui refuser l'emploi de la lettre de change , soit pour se rembourser, soit pour se libérer par ce moyen envers ses vendeurs.

À quelle distance doivent être éloignés les deux lieux, l'un de l'autre ? La loi n'ayant rien fixé à cet égard, c'est une question de fait abandonnée à la sagesse des juges, qui ont là-dessus un pouvoir discrétionnaire. Il peut même arriver que le tireur soit domicilié dans un lieu autre que celui où la lettre est tirée, et le tiré dans un autre lieu que celui où elle est payable : la lettre de change serait cependant valable, pourvu qu'il n'y eût aucune supposition de lieu.

2° DATE DE LA LETTRE DE CHANGE. — La lettre doit contenir l'indication claire et précise de l'époque à laquelle elle a été souscrite. La date est exigée afin qu'on puisse savoir si le tireur était capable au moment de la souscription de la lettre, et pour enlever à un commerçant, qui serait sur le point de tomber en faillite, la possibilité de nuire à ses créanciers. On verra ainsi si la lettre de change a été souscrite dans la période pendant laquelle certains actes du failli peuvent être annulés.

La date est surtout nécessaire quand la lettre est payable à une ou plusieurs usances, à un ou plusieurs jours ou mois de date. La date doit comprendre non-seulement le jour, le mois et l'an ou toute autre indication équivalente, comme le jour de la Saint-Jean 1867, mais encore le lieu où la lettre est tirée. En effet cette énonciation est indispensable pour qu'on puisse vérifier s'il y a réellement remise de place en place. La date est réputée vraie entre le tireur et le preneur; cependant le tireur pourrait en prouver la fausseté contre le preneur, en alléguant son incapacité; mais s'il ne peut faire cette preuve, et montrer qu'il était incapable à l'époque où elle a été souscrite, il sera sans défense.

3° INDICATION DE LA SOMME A PAYER. — La somme à payer doit être énoncée sur la lettre de change ; il faut qu'il s'agisse d'une somme d'argent et non d'autre chose, de denrées par exemple. La somme peut être écrite en chiffres ou en lettres. Dans la pratique on emploie les deux moyens : la somme est exprimée en lettres dans le corps de la lettre, et en chiffres en tête ou à la fin de la lettre.

Quand la lettre est faite par acte sous-seing privé et n'est pas écrite de la main du tireur, il n'est pas même nécessaire que celui-ci mette au-dessus de sa signature le *bon* ou *approuvé*, à la différence des obligations par acte sous-seing privé.

Il peut arriver que la somme en chiffres soit différente de la somme en lettres : dans ce cas c'est cette dernière qui doit faire foi. Si la somme exprimée en lettres dans le corps de l'acte était différente de la somme du *bon* ou *approuvé*, et que le tout fût écrit de la main du tireur, on devrait prendre la plus petite somme. La somme à payer étant l'objet principal de la lettre de change, celle-ci serait radicalement nulle en cas d'absence de cette mention.

Enfin l'espèce de monnaie doit être spécifiée, si l'on est convenu de faire le paiement en une autre monnaie que celle du lieu et du temps de ce paiement.

4° NOM DE CELUI QUI DOIT PAYER. — Le tireur doit indiquer le nom du tiré avec toutes les circonstances propres à le faire connaître. S'il se trouvait au même lieu plusieurs personnes du même nom que le tiré, le tireur devrait indiquer les prénoms, surnoms, profession de celui-ci. Si le nom du tiré était omis, mais que cependant la désignation de ses prénoms, qualité, profession, domicile, fût suffisante pour le faire reconnaître, la lettre de change serait cependant valable.

Le tireur peut-il se désigner lui-même comme tiré? Non, car il faut dans la lettre de change l'intervention de trois personnes : le tireur, le tiré, le preneur. Il n'y en aurait plus que deux dans ce cas. De plus, le tiré est le mandataire du tireur : or, personne ne peut se donner mandat à soi-même, ce qui arriverait si une telle lettre de change était valable. Le porteur a, en outre, le droit d'exiger l'engagement du tiré : or, si le tireur acceptait comme tiré la lettre qu'il a créée lui-même, il n'y aurait en réalité qu'un seul obligé au lieu des deux que le porteur est en droit d'exiger. Une lettre de change ainsi conçue ne devrait être regardée que comme un billet à domicile.

Le tireur pourrait valablement tirer une lettre de change sur une maison dans laquelle il a un intérêt, mais distincte de celle qu'il représente comme tireur. Mais il ne pourrait tirer sur son commis, si celui-ci n'agissait que comme son fondé de pouvoirs et ne voulait accepter qu'en vertu de sa procuration.

5° INDICATION DE L'ÉPOQUE DU PAIEMENT. — L'époque du paiement doit être désignée d'une façon précise. On ne doit donc pas considérer comme lettre de change l'acte revêtu des formes de la lettre de change, mais par lequel une personne en chargerait une autre de payer après l'événement d'une certaine condition, après le décès d'un individu. Ce serait une simple promesse. En effet, le protêt, à défaut de paiement, doit être fait dans un certain délai, les recours du porteur contre les endosseurs et des endosseurs entre eux doivent aussi s'exécuter dans un délai fatal fixé par la loi; cela ne serait pas facile à concilier avec une époque de paiement subordonnée à un événement incertain et pouvant arriver à un moment imprévu et non connu des intéressés qui ne pourraient ainsi prendre leurs précautions. Il importe aussi que les commerçants sachent au juste quand finissent leurs engagements ; ce qui ne pourrait avoir lieu pour les endosseurs, qui seraient toujours sous le coup d'une action en garantie intentée contre eux par le porteur non payé, et qui ne pourraient ainsi savoir jusqu'à quel instant ils sont exposés à cette action.

De plus, le papier étant, dans le commerce, assimilé au numéraire, il importe que le porteur sache exactement à quelle époque il a le droit de compter sur la valeur représentée par ce papier.

Si la date du paiement n'était pas indiquée, la lettre de change ne serait pas valable ; ce ne serait qu'un simple mandat donné au tiré de payer le montant de la somme indiquée dans la lettre, et comme une simple reconnaissance du tireur, d'après laquelle le preneur aura une action ordinaire pour la répétition de cette somme, si le tiré ne la paie pas.

La lettre de change peut être tirée à vue ou à présentation. Dans ce cas, elle est payable dès qu'elle est présentée au tiré. Elle peut être tirée à un ou plusieurs jours, mois ou usances de vue. L'usance est de trente jours. L'échéance est fixée dans ce cas par la date du jour du visa, ou de l'acceptation ou du protêt faute d'acceptation, si en même temps qu'on présentait la lettre au tiré on lui demandait son acceptation. Si l'acceptation n'est pas datée et qu'on n'ait pas indiqué le jour de la présentation sur la lettre, elle sera exigible au terme exprimé, mais à compter de sa date.

La lettre peut être payable à jour fixe, comme le 10 août, ou bien à un ou plusieurs jours, mois ou usances de date. Par exemple à trois mois du 15 janvier, c'est-à-dire le 15 avril. Cela revient au même qu'à jour fixe. Elle peut être enfin payable en foire : dans ce cas elle est exigible le jour même de la foire, ou la veille de la clôture de la foire, si elle dure plusieurs jours.

6° INDICATION DU LIEU DE PAIEMENT. — L'indication du lieu de paiement se met ordinairement dans la lettre au-dessous du nom du tiré. Le domicile du tiré peut n'être pas le lieu du paiement. On peut tirer sur une personne une lettre de change payable au domicile d'une autre personne. Cette dernière, qui est un véritable *adjectus solutionis gratiâ,* prend le nom de *domiciliataire* (art. 111). Le tireur doit, en créant la lettre de change, indiquer le nom et la demeure de ce domiciliataire. Si le tireur ne fait pas cette mention, l'accepteur doit y suppléer et indiquer où il paiera. L'indication d'un domicile peut même émaner seulement du tiré qui paie par l'entremise d'un banquier ou d'un débiteur.

7° MENTION DE LA VALEUR FOURNIE. — La lettre de change doit énoncer formellement si la valeur a été fournie et quelle valeur a été fournie : il faut qu'en échange de la somme à payer il y ait une valeur reçue, et pour qu'il soit possible de vérifier si, en fait, cette valeur a été remise, on doit exprimer comment elle a été fournie. Dans les lettres de change la cause a besoin d'être connue, tandis que pour les obligations ordinaires cela n'est point nécessaire. Si donc la cause énoncée dans une lettre de change est fausse, ou s'il n'y en a pas, la lettre sera nulle.

Lorsque la lettre n'énonce pas que la valeur en a été fournie ou la manière dont elle a été fournie, l'effet ne vaut plus comme lettre de change ; le preneur n'en devient pas propriétaire ; il n'est que le mandataire du tireur. Si le tireur reconnaît avoir reçu du preneur une valeur en échange de la lettre, et qu'il l'exprime par ces mots : *valeur reçue*, cette reconnaissance doit autoriser le preneur qui n'est aussi que mandataire dans ce cas, à se faire tenir compte par le tireur de la somme qu'il a eu le pouvoir de toucher, mais qu'il a payée par avance au tireur.

La valeur peut être fournie :

1° *En espèces ;* dans ce cas on l'exprime ordinairement par ces mots : *valeur reçue comptant ;*

2° *En compte ;* ces mots signifient que le tireur a porté dans son compte avec le preneur, le montant de la lettre en déduction de ce qu'il peut devoir à ce dernier. Le preneur dans ce cas devra se régler avec le tireur, d'après leur situation respective ; mais à l'égard des tiers, il y a présomption que le compte est favorable au preneur, et que le tireur est son débiteur ;

3° *En marchandises ;*

4° De toute autre manière.

Autrefois, la mention *valeur reçue* était considérée comme suffisante. Une pareille énonciation ne suffit plus aujourd'hui, car elle ne désigne pas quelle valeur a été reçue. Il en est de même des mots *valeur entendue, valeur entre nous.*

L'expression *valeur en moi-même* n'est licite et ne présente de sens qu'autant que la lettre de change est à l'ordre du tireur lui-même : car autrement, le tireur, déchargeant le tiré de la somme qu'il paiera, ne recevrait pas en échange l'équivalent de cette somme. Mais la lettre de change, dans ce cas, n'est complète que par l'endossement régulier que le tireur en fait au profit d'un tiers qui lui en compte la valeur.

8° MENTION DE L'ORDRE AU PROFIT D'UN TIERS OU DU TIREUR LUI-MÊME. — La lettre de change doit énoncer le nom de la personne qui en percevra le montant. Qu'arriverait-il si le nom du preneur n'était pas indiqué, et que la lettre de change fût ainsi conçue : « Payez la somme de 1,000 fr., valeur reçue comptant de Paul ? » On doit déclarer que l'omission du nom de celui à qui la lettre doit être payée doit empêcher de considérer l'acte comme lettre de change. On ne doit pas remplacer cette énonciation par la présomption que le tireur a voulu que la lettre fût payable au donneur de valeur.

Outre le nom du preneur, il faut que la lettre contienne la clause *à ordre;* « payez à Paul ou à son ordre. » Cela signifie que Paul aura le droit de transmettre à un tiers la propriété de la lettre par la voie de l'endossement. Ces mots *à ordre* ne sont point sacramentels ; mais à leur défaut ou à défaut d'équivalents, le preneur ne peut tranférer à un autre la propriété de la lettre de change par l'endossement.

La lettre de change est ordinairement à l'ordre de celui qui en fournit la valeur. Elle peut être à l'ordre d'un tiers. Le donneur de valeur peut n'être pas le preneur ; ainsi un habitant de Lyon qui a une somme à recevoir à Paris charge un de ses amis de la toucher et de la lui faire parvenir. Celui-ci, après l'avoir reçue, prie un banquier, en échange de l'argent qu'il lui verse, de tirer sur Lyon une lettre de change de même valeur, à l'ordre de son ami. Le preneur n'est pas dans ce cas le donneur de valeur.

La lettre de change peut être à l'ordre du tireur lui-même : le souscripteur ne reçoit alors la valeur que quand un tiers lui compte le montant de la somme portée dans la lettre, qui ne devient parfaite que par l'endossement. Ce n'est en effet qu'à ce moment qu'on trouve la réunion des trois personnes dont la présence est nécessaire.

— Mais si ce premier ordre est passé au profit du tiers dans l'endroit même où la lettre est payable, on ne trouve plus la condition essentielle de la lettre de change, la remise de place en place, et l'acte ne vaudrait plus comme lettre de change.

9° SIGNATURE DU TIREUR. — La lettre de change, lorsqu'elle est faite par acte sous-seing privé, doit, sous peine de nullité comme pour les autres actes privés, être signée par le tireur ou par quelqu'un ayant pouvoir de le faire pour lui. Si le tireur ne sait pas écrire, la lettre de change ne peut être faite que par acte authentique; on suit alors pour la signature les règles qui régissent la confection des actes notariés relativement aux personnes qui ne savent pas écrire.

ENONCIATIONS FACULTATIVES.-- Il existe encore certaines stipulations, certains usages facultatifs laissés à la volonté des parties dans la forme de la lettre de change. — Nous allons les examiner.

PLURALITÉ D'EXEMPLAIRES. — Une lettre de change peut être tirée en plusieurs exemplaires, tous semblables les uns aux autres, mais portant chacun un numéro d'ordre. Le tireur doit mentionner que le paiement fait sur l'un d'eux annulera l'effet des autres. Mais quand l'un des exemplaires a été accepté, le tiré qui paierait sur une deuxième, troisième, etc., sans retirer l'exemplaire accepté, n'opérerait point sa libération à l'égard du tiers-porteur de son obligation. La pluralité des exemplaires a pour but de prévenir les difficultés qui pourraient arriver en cas de perte d'une lettre de change faite en un seul exemplaire. De plus, le porteur peut envoyer un exemplaire à l'acceptation, ce qui peut demander un temps assez long, surtout si la lettre de change est tirée sur un pays étranger, et négocier en même temps une seconde. De cette façon il n'éprouvera aucun préjudice. Il devra indiquer sur l'exemplaire négocié l'endroit où l'exemplaire accepté sera tenu à la disposition du porteur. Car il faut remarquer que le preneur ou le tireur d'une lettre faite en plusieurs exemplaires, ne peut les négocier chacun à une personne différente ; il recevrait ainsi plusieurs fois la valeur d'une lettre de change qui ne serait payée qu'une fois. Il faut donc que les exemplaires suivent tous la même route, et se trouvent réunis entre les mains du porteur à l'échéance.

DES RECOMMANDATAIRES. — Le tireur, craignant que sa lettre de

4

change ne soit pas payée à l'échéance, peut indiquer des personnes appelées *recommandataires* ou *besoins,* chez qui le porteur devra se présenter pour se faire payer, à défaut de paiement de la part du tiré. Cette mention a été admise pour deux motifs : la crainte de non-paiement du tiré et le désir d'éviter au tireur le désagrément de voir sa signature en souffrance et d'être exposé à certains frais.

DE LA CLAUSE : RETOUR SANS FRAIS. — Cette clause a pour but de dispenser le porteur de faire protester la lettre impayée et d'exercer judiciairement son recours. Celui qui l'insère s'engage à rembourser le montant de la lettre au porteur, quoique celui-ci n'ait pas accompli les formalités et observé les délais que la loi lui prescrit pour qu'il puisse exercer son recours.

Quand elle est mise par le tireur, elle est obligatoire pour tous les signataires et contre eux tous, car chacun d'eux a connu cette convention. Quand elle aura été mise par un endosseur, elle pourra lui être opposée, ainsi qu'à tous les endosseurs subséquents qui pourront s'en prévaloir. Mais elle n'a aucun effet à l'égard des endosseurs précédents, envers qui le porteur devra se mettre en règle d'après les prescriptions de la loi, afin de pouvoir exercer utilement son recours contre eux.

CLAUSE DE NON-GARANTIE. — Elle a pour effet d'affranchir de toute responsabilité, pour défaut de paiement, le tireur qui a fourni la provision, et les endosseurs : le porteur n'a, dans ce cas, de recours que contre le tiré. La garantie n'étant point d'ordre public, toute clause y dérogeant est valable. Quand elle est mise par le tireur, les endosseurs qui ne l'ont pas répétée peuvent cependant s'en prévaloir. La clause de non-garantie est très-rare.

CLAUSE : SUIVANT OU SANS AVIS. — Il est d'usage que le tireur, après avoir remis la lettre de change au preneur, avertisse le tiré qu'il a fourni sur lui une lettre de change. Dans ce cas, la lettre de change fait mention de cet avertissement par ces mots : *Suivant avis.* Quand, au contraire, le tireur croit inutile de prévenir le tiré, il l'indique par ces mots : *Sans avis.*

LETTRE DE CHANGE TIRÉE D'ORDRE OU POUR LE COMPTE D'UN TIERS. — Celui qui tire une lettre de change la tire ordinairement pour son propre compte. Mais il peut aussi la tirer pour le compte d'un tiers appelé *donneur d'ordre*. Le tireur prend le nom du *tireur pour compte*. Ainsi Primus est domicilié à Lyon. Secundus, de Bordeaux, lui doit 1,000 fr. Il écrit à Primus de tirer une lettre de change sur Tertius, son banquier, à Paris, pour la somme indiquée. Primus fera connaître dans la lettre de change qu'il la tire d'ordre et pour compte de Secundus. Primus touchera ainsi ce qui lui est dû par Secundus, et ce dernier se remboursera en même temps de ce que lui doit Tertius.

Telles sont les énonciations, soit indispensables, soit facultatives, qui doivent ou peuvent se trouver dans la lettre de change.

Il existe encore une autre formalité prescrite, non à peine de nullité de la lettre de change, mais à peine d'amende, c'est le timbre. Les lettres de change doivent être écrites sur un timbre proportionnel à leur valeur. L'amende, en cas de contravention, est de 6 % de la valeur de la lettre de change. Elle est due individuellement par le tireur, par l'accepteur et par le premier endosseur, s'il n'y a eu acceptation. Mais il n'y a pas lieu à amende si le papier a été visé pour timbre avant l'acceptation, ou à son défaut, avant le premier endossement.

DES SUPPOSITIONS. — Il peut se faire que la lettre de change présente extérieurement tous les caractères exigés par la loi pour sa sincérité, et que cependant cette apparente régularité soit trompeuse. Les énonciations contenues au titre ne sont pas l'expression de la vérité, et en faisant tomber le masque qui les couvre, on se trouve en présence d'un acte qui ne contient réellement pas les conditions qui seules peuvent constituer une lettre de change. Il est certain, par exemple, que si la lettre est tirée dans l'endroit même où elle est payable, il n'y aura pas possibilité de réaliser un contrat de change qui exige la remise de place en place. On pourrait alors faussement indiquer un autre lieu, et le titre aurait l'apparence d'une lettre de change, apparence qui devra s'évanouir devant la preuve de la réalité des faits.

Avant la loi récente qui a aboli la contrainte par corps en matière commerciale, ces suppositions étaient fréquentes, parce que des créanciers de mauvaise foi voulant tenir plus rigoureusement leurs débiteurs trop faciles, exigeaient qu'une obligation dont l'exécution n'aurait pu être poursuivie par la voie de la contrainte par corps, fût constatée par une lettre de change, et dans ce cas ils étaient souvent forcés d'altérer la vérité. Ce motif fait aujourd'hui défaut; mais le principe de l'article 112 restant immuable, il y a lieu cependant de l'examiner, sauf à voir les modifications que la loi de juillet 1867 peut avoir apportées dans ses conséquences.

Il peut exister quatre suppositions indiquées par la loi : suppositions de nom, de qualité, de domicile, de lieu.

1° La supposition de nom est employée pour compléter le nombre des personnes dont la présence est nécessaire, ou pour tromper la confiance des endosseurs par le grand nombre de signatures. Elle a lieu quand on tire une traite sous un nom supposé, ou sur un tiré qui n'existe pas, ou qu'on la passe à l'ordre d'un preneur supposé ;

2° La supposition de qualité a lieu quand le tireur, ne jouissant d'aucun crédit et portant le même nom qu'un commerçant honorable et riche, tire une lettre de change qu'il signe, en ajoutant à son nom la qualité de cet autre commerçant, par exemple, celle de banquier ;

3° La supposition de domicile se rencontre dans le cas, par exemple, où la lettre de change étant payable dans un autre domicile que celui du tiré, l'indication donnée serait fausse ;

4° La supposition du lieu sert surtout à changer en une obligation commerciale, sous la forme de lettre de change, une obligation civile, comme un prêt. Avant l'abolition de la contrainte par corps, cette supposition, avons-nous dit, était fréquemment employée par les créanciers pour soumettre leurs débiteurs à un effet de la lettre de change, la contrainte par corps. Maintenant cette supposition n'a plus de raison d'exister que pour permettre à un commerçant de tirer des lettres de change sur son débiteur, habitant la même ville, et de se faire ainsi des ressources immédiates, en négociant ces traites qui ne sont point des lettres de change aux yeux de la loi ; et, tant que la supposition de lieu ne sera pas prouvée, d'avoir pour obligés solidaires tous les signataires, et de pouvoir les traduire devant le Tribunal de Commerce.

Quoique la loi ne parle pas de supposition de valeur fournie, on n'en doit cependant pas moins assimiler cette supposition à celles dont nous venons de parler, et lui faire produire les mêmes effets.

Aux termes de l'article 112, toute lettre de change que contient une de ces suppositions est réputée simple promesse. Il en résulte, dès lors, que les effets attachés à la lettre de change cessent par cela seul que la supposition est reconnue. Ainsi la solidarité entre les divers signataires, la déchéance à défaut de protêt fait en temps utile et la compétence extraordinaire n'existent plus. Mais la supposition peut-elle être opposée à tous et par tous? Qu'elle soit invoquée par celui qui l'a faite contre son complice, contre celui qui l'a poussé à agir ainsi par fraude, ou en abusant de son inexpérience et de sa faiblesse, rien de plus juste. Mais on ne doit point accorder la même faculté au coupable contre le porteur de bonne foi qui a traité, séduit par les apparences légales de la lettre de change, et n'a point eu connaissance de la supposition; on ne peut pas, en effet, le rendre responsable de la non-validité d'un acte qui réunit extérieurement toutes les conditions voulues par la loi. La supposition peut être établie par toute espèce de preuves, par écrit, par témoins, même par de simples présomptions.

CAPACITÉ REQUISE POUR INTERVENIR DANS UNE LETTRE DE CHANGE. — La capacité pour intervenir dans une lettre de change et contracter tous les engagements qui résultent de cette intervention, est la même que celle qui est requise pour contracter une obligation civile. Les femmes et les mineurs, lorsqu'ils sont commerçants, peuvent aussi souscrire, accepter, endosser des lettres de change pour les besoins de leur commerce. Mais à l'égard des femmes et des mineurs non commerçants, la loi a établi une position toute particulière.

Incapacité de la femme. — Art. 113. La signature des femmes et des filles non négociantes ou marchandes publiques, sur lettre de change, ne vaut, *à leur égard*, que comme simple promesse.

En droit civil, l'engagement pris par une femme mariée sans l'autorisation de son mari est nul. Il en est de même pour les engagements commerciaux, quand la femme n'est pas autorisée à faire le commerce. La loi prévoit ici le cas où une femme mariée non-commerçante, ou une fille non-commerçante, a souscrit, accepté ou endossé une lettre de change, même avec l'autorisation du mari, s'il s'agit d'une femme mariée. Toute lettre de change dans laquelle elle interviendrait ainsi n'est réputée à son égard que simple promesse. Le principal motif qui faisait déclarer simple promesse la lettre de change souscrite par la femme mariée n'existe plus depuis l'abolition de la contrainte par corps. L'article 113 n'a donc plus pour conséquence que de soustraire la femme à la solidarité qu'entraîne la signature d'une lettre de change.

Si la femme d'un négociant avait l'habitude de signer des lettres de change au su de son mari et pour lui, sa signature serait valable, en ce sens, non pas qu'elle l'engagerait personnellement, mais qu'elle obligerait son mari, lequel serait supposé lui avoir donné la procuration tacite de contracter en son nom.

La loi répute la lettre de change souscrite par la femme simple promesse ; mais à son égard seulement. Il en résulte que vis-à-vis des autres signataires, la lettre vaut toujours comme lettre de change, et qu'ils sont soumis à tous les effets, à toutes les obligations qui en dérivent.

On s'est demandé si, lorsqu'une lettre de change est réputée ainsi simple promesse à l'égard de la femme, celle-ci est justiciable du Tribunal de Commerce ? On doit répondre affirmativement. Si l'article 636 du Code de Commerce déclare que les lettres de change réputées simples promesses aux termes de l'article 112 sont de la compétence du Tribunal civil, parce que, dans ce cas, ce n'est plus une lettre de change, puisqu'elle manque des conditions requises par la loi ; il n'en est pas de même dans le cas de l'article 113 dont ne parle pas l'article 636. Si la lettre n'est réputée que simple promesse à l'égard de la femme, il n'en est pas moins vrai qu'elle existe toujours à l'égard des autres signataires comme lettre de change, qu'elle les soumet à tous ses effets ordinaires, et qu'ils seront par conséquent justiciables du Tribunal de Commerce. Faudra-t-il donc citer séparément la femme devant le Tribunal civil, et les autres signataires devant le Tribunal de Commerce ? Cette opinion serait inadmissible. Au reste, la Cour de Cassation s'est prononcée pour la compétence du Tribunal de Commerce.

Incapacité des mineurs. — Art. 114. Les lettres de change souscrites par des mineurs non négociants sont nulles à leur égard, sauf les droits respectifs des parties, conformément à l'article 1312 du Code civil.

La loi ne regarde pas ici la lettre de change comme simple promesse, ainsi qu'elle le fait pour la femme mariée : elle la déclare nulle à l'égard du mineur, mais elle est valable à l'égard des personnes qui ont concouru à l'acte. Si donc le tireur est incapable et que l'accepteur soit capable, ce dernier sera obligé de payer le porteur. Si l'accepteur est incapable, il n'est pas obligé, mais comme le contrat de change existe entre le tireur et le preneur, celui-ci peut exiger du tireur soit une nouvelle lettre de change, soit le remboursement de la valeur qu'il lui a donnée. Si l'incapable est endosseur, le contrat de change n'en existe pas moins entre les autres parties. Enfin si le tireur est incapable et que le tiré n'ait pas accepté, il n'y a pas de contrat de change.

Lorsqu'un mineur souscrit une lettre de change, il peut en opposer la nullité au preneur ; mais celui-ci peut, d'après l'article 1312 du Code civil, répéter ce qu'il a donné au mineur en échange de la lettre, à condition de prouver que cette valeur a tourné au profit du mineur. Le mineur aurait de même le droit de répéter ce qu'il aurait payé. Il y a donc, en matière de lettre de change, une différence avec ce qui a lieu pour les obligations civiles contractées par un mineur qui n'a le droit de faire annuler le contrat que s'il a éprouvé une lésion, si minime qu'elle soit.

Les mineurs ne sont pas les seuls individus auxquels doit s'appliquer l'article 114. On doit y ajouter :

1° Les interdits qui sont assimilés aux mineurs pour leurs personnes et leurs biens (article 509 du Code Napoléon), et dont les engagements civils sont même nuls sans qu'il soit besoin de prouver qu'ils ont été lésés (502) ;

2° Les prodigues pourvus d'un conseil judiciaire sans lequel ils ne peuvent contracter.

Quant aux lettres de change souscrites par des agents de change ou courtiers malgré la prohibition de la loi, elles ne sont pas nulles puisque la loi n'en parle pas, mais elle frappe seulement d'une peine leur contravention. Remarquons qu'il y aura contravention, non dans le cas où ils auront tiré une lettre de change sur leur débiteur, ou quand ils auront pris une lettre de change sur un endroit où ils avaient besoin d'argent pour leurs affaires, mais seulement quand ils en auront fait le trafic et auront négocié leurs lettres de change à d'autres personnes.

DEUXIÈME PARTIE.

De l'engagement des divers signataires de la lettre de change.

DE LA SOLIDARITÉ. — La loi (article 140) déclare que tous ceux qui ont signé, accepté ou endossé une lettre de change, sont tenus à la garantie solidaire envers le porteur.

Quand donc le tiré aura refusé d'accepter, ou quand, n'ayant point été requis d'accepter, il aura refusé de payer, le porteur pourra recourir contre l'un des signataires de la lettre, et agir pour le tout contre chacun d'eux. La solidarité établie par la loi en matière de lettre de change est-elle parfaite et semblable à la solidarité en matière d'obligation civile ? Non, et ce qui le prouve, c'est que, quand le porteur n'aura recouru que contre un des endosseurs, sans recourir contre les autres dans le délai légal, il sera déchu de tout droit à l'égard de ces derniers. Ce n'est donc point une solidarité ordinaire, puisque dans celle-ci, dès qu'un codébiteur est actionné, tous sont réputés l'être, étant tous mandataires les uns des autres, à l'effet de recevoir les poursuites du créancier.

La solidarité, quoique établie par la loi, n'est cependant pas d'ordre public ; rien n'empêche que la convention des parties ne la modifie et ne l'amoindrisse ; un endosseur pourrait stipuler avec le porteur que sa garantie sera exempte de la solidarité. Il en est de même du donneur d'aval qui peut ne s'engager que pour une partie du montant de la lettre de change, et pour garantir l'un des endosseurs seulement.

Nous allons étudier les engagements du *tireur*, de l'*accepteur*, des *endosseurs vis-à-vis du porteur* et des *endosseurs entre eux* ; enfin du *donneur d'aval*.

I. — ENGAGEMENTS DU TIREUR. — Ils sont au nombre de

trois : faire provision, garantir le paiement à l'échéance, procurer l'acceptation.

1re OBLIGATION. — 1° FAIRE PROVISION. — On appelle *provision* la somme ou les valeurs destinées au paiement de la lettre de change. La provision peut consister en une somme d'argent, en marchandises remises par le tireur au tiré, en une créance du tireur contre ce dernier. Il y a provision si, à l'échéance de la lettre de change, celui sur qui elle est tirée est redevable au tireur, ou à celui pour compte de qui elle est tirée, d'une somme au moins égale au montant de la lettre de change. Il faut donc que la dette du tiré soit exigible au moment de l'échéance. L'intérêt qui existe à savoir s'il y avait provision ou non, c'est que, en cas de non-paiement du tiré et à défaut de protêt dans le délai légal, le tireur est déchargé de toute garantie envers le porteur, pourvu qu'il prouve qu'il y avait provision à l'échéance. Les endosseurs n'ont pas besoin de faire cette preuve pour opposer la déchéance. En effet, chacun d'eux n'est devenu propriétaire de la lettre qu'en payant sa valeur. En repoussant la demande du porteur qui n'a pas fait les diligences nécessaires, ils ne font pas un gain, mais ils sont dispensés de payer une seconde fois, tandis que le tireur s'enrichirait injustement s'il avait reçu la valeur de la lettre sans rien donner en échange.

La provision doit être faite par le tireur ou par celui pour le compte de qui la lettre de change est tirée, sans que le tireur pour compte d'autrui cesse d'être personnellement obligé envers les endosseurs et le porteur seulement (115).

Quand la lettre de change est tirée pour compte du tireur, c'est ce dernier seul qui doit faire la provision. Quand elle est tirée pour compte d'un tiers, c'est ce tiers qui est obligé envers le tiré à lui faire provision. Mais le tireur pour compte n'y est nullement obligé envers le tiré ; car à son égard il n'est que le mandataire du donneur d'ordre. Si donc le tiré paie sans avoir provision, il recourra non pas contre le tireur pour compte, mais contre le donneur d'ordre. Réciproquement le tireur pour compte est seul engagé envers le porteur et les endosseurs ; si le tiré ne paie pas, ils recourront directement contre le tireur, ou indirectement contre le donneur d'ordre, en exerçant l'action que le tireur aurait contre lui.

5

Comment se prouve la provision ? Par tous les moyens possibles. De plus l'acceptation suppose la provision. La loi, en effet, ne pense pas que le tiré se soit engagé à payer une somme qu'il ne devait pas et dont il n'avait pas la contre-valeur ; mais ce n'est qu'une présomption qui doit céder devant la preuve contraire. Toutefois l'acceptation établit la preuve de la provision à l'égard des endosseurs : ils ne sont donc pas obligés de prouver que l'accepteur avait provision, si celui-ci le nie. Aussi sont-ils libérés du recours en garantie que le porteur pourrait exercer contre eux, si le protêt n'a pas été fait en temps utile, et sans avoir à prouver la provision. Quant au tireur, qu'il y ait ou non acceptation, il est tenu de prouver, en cas de dénégation, que ceux sur qui la lettre était tirée avaient provision à l'échéance ; sinon il est tenu de la garantie, quoique le protêt ait été fait après les délais fixés. Car s'il ne peut prouver qu'il y avait provision, il ne peut refuser de rembourser le porteur, sous prétexte que le défaut de diligences de sa part a laissé au tiré le temps de dissiper la provision, puisqu'il n'y en avait pas.

A qui appartient la provision ? Cette question est très importante lorsque le tiré ou le tireur tombent en faillite. On s'est demandé si le porteur avait un droit exclusif sur la provision, au préjudice des créanciers du tiré ou du tireur, suivant que c'est le tiré ou le tireur qui tombe en faillite, ou bien si, au contraire, le porteur n'a que le droit de venir au marc le franc avec les autres créanciers. Nous allons examiner les deux cas.

1er CAS. Le tireur, après avoir fait provision au tiré, tombe en faillite.

Le porteur a-t-il seul droit à la provision, à l'exclusion des créanciers du tireur ? Oui, et cette opinion est conforme à la jurisprudence de la Cour de Cassation. Le porteur, en effet, n'a consenti à donner son argent en échange d'un papier, que dans la pensée qu'on lui donnerait une somme de même valeur que celle qu'il a fournie. Il agit en vertu d'un droit spécial que lui confère le contrat de change qui a pour effet de transférer au porteur, qui peut être comparé à un acheteur ou à un cessionnaire, la propriété de la lettre de change. Or, personne n'admettra que son droit ne s'étend qu'au simple papier qui est le signe de la lettre de change ; il comprend aussi la valeur qu'il représente.

On objecte à cela que la provision n'est exigée qu'à l'échéance, que jusque-là le tireur peut la retirer, que si elle périt c'est pour le tireur. Cela est vrai ; le porteur n'a qu'un droit de propriété éventuel, mais il ne résulte pas de là que le porteur n'a des droits qu'au moment de l'échéance. Le preneur a acquis sur la provision un droit conditionnel pour le cas où elle existerait à l'échéance ; or, le porteur à qui il a cédé tous ses droits, le représente. Il a donc comme lui un droit sur la provision, puisqu'elle existe à l'échéance.

Il résulte de cette décision que la saisie-arrêt faite à la requête d'un créancier du tireur sur la provision, après que la lettre de change a été émise, n'est pas valable.

2ᵉ ᴄᴀs. Le tiré, après avoir reçu la provision, tombe en faillite avant l'échéance.

La provision doit-elle être regardée comme la propriété du porteur, ou doit-elle tomber dans la masse des créanciers à laquelle le porteur viendra participer au marc le franc ?

Il faut faire ici une distinction : la provision peut avoir été envoyée directement au tiré par le tireur, avec mandat de payer telle lettre de change à son échéance. Par exemple, le tireur a consigné des marchandises entre les mains d'un commissionnaire chargé de les vendre et de payer la lettre de change avec le prix qu'elles produiront. Dans ce cas, le tiré n'est point devenu propriétaire de la valeur qui lui a été envoyée ; il ne peut s'en servir pour un usage autre que celui qui lui a été indiqué. Ce n'est qu'un dépôt entre ses mains ; si donc il tombe en faillite, ses créanciers n'auront aucun droit sur cette provision.

Mais si la provision ne se compose pas de valeurs envoyées au tiré pour être affectées d'une manière spéciale au paiement de la lettre de change, si elle ne se compose, par exemple, que de sommes d'argent dont le tiré se trouve débiteur envers le tireur, soit par compte courant, soit pour toute autre cause, il n'y a plus lieu à appliquer le même principe. Le tiré n'a pas déclaré qu'il réservait une partie de sa dette au paiement ; on ne peut plus dire qu'il y a un dépôt entre ses mains. Dès lors le tireur ne figure dans la masse que comme un créancier ordinaire, et le porteur à qui il a transmis tous ses droits, ne pouvant exiger plus que son cédant ne pouvait réclamer lui-même, viendra de même au marc le franc concourir sur l'actif de la faillite.

2° Obligation du tireur. — Garantir le paiement à l'échéance, et, en cas de refus de paiement du tiré, rembourser le porteur tant du capital que de certains frais qu'il peut avoir faits.

Le tireur, ayant reçu du preneur une certaine somme, s'est obligé envers lui à lui faire payer une égale somme dans un lieu et à une époque déterminés. Son obligation n'est donc pas exécutée par la simple délivrance de la lettre de change ; il faut que cette lettre produise son effet, c'est-à-dire le paiement de la somme indiquée. Le preneur ayant cédé ses droits à un tiers, le porteur, celui-ci peut exiger la même chose que son cédant et réclamer le remboursement de ce qu'il a payé pour avoir la lettre de change. Outre le capital, le tireur doit rembourser les frais de protêt, les intérêts du jour de l'échéance, etc.

Entre le preneur et le porteur, il peut se trouver un certain nombre d'autres personnes qui ont successivement été propriétaires de la lettre de change. Le porteur a le droit, au lieu d'agir directement contre le tireur, d'actionner en remboursement l'une de ces personnes appelées endosseurs, ou toutes à la fois. Chacun des endosseurs actionné a son recours contre son cédant, et en arrive aussi au tireur qui doit définitivement rembourser. Si le tireur prouve que le tiré avait provision, il peut renvoyer le porteur contre le tiré. S'il y avait acceptation et si le protêt n'avait pas été fait en temps utile, le tireur qui prouverait qu'il y avait provision serait déchargé de toute responsabilité à l'égard du porteur qui n'aurait plus alors qu'à actionner l'accepteur.

3° Obligation du tireur. — Procurer l'acceptation du tiré. — Cette obligation n'est pas de la même nature que les deux précédentes ; car l'acceptation n'est pas de l'essence de la lettre de change. Ce n'est qu'une garantie que le preneur peut, en général, ne réclamer que si bon lui semble ; mais il y est obligé, lorsque le tireur lui a imposé cette obligation. Le porteur ayant donc le droit de demander au tiré son engagement et le tireur étant obligé de le lui procurer, si le tiré refuse d'accepter, le porteur a le droit de se retourner contre le tireur et de lui demander soit le remboursement immédiat de la lettre, soit une garantie suffisante pour assurer le paiement à l'échéance, ainsi que nous le verrons plus loin.

II. — ENGAGEMENT DE L'ACCEPTEUR. — 1° *Accepteur direct.* Jusqu'ici nous avons considéré le tiré comme un simple mandataire chargé de payer une certaine somme pour le tireur. Le tiré n'est donc pas obligé de payer, et rien ne prouve encore qu'il accepte ce mandat. Il est réputé l'accepter, soit tacitement, quand il paie la lettre à son échéance, soit expressément, quand il écrit sur la lettre qu'il *l'accepte*. L'acceptation est donc la déclaration par laquelle le tiré contracte, vis-à-vis du propriétaire de la lettre, l'engagement d'en payer le montant en acquit du tireur, à l'échéance et au lieu où la lettre est payable.

Il importe, pour la facilité de la circulation de la lettre de change, que l'on ait l'assurance qu'elle sera payée à l'échéance; voilà pourquoi le porteur a le droit, sans en avoir l'obligation cependant, de demander l'acceptation. Il peut la demander quand il le veut, à n'importe quelle époque, pourvu que ce soit avant le jour de l'échéance, car alors ce droit se confondrait avec celui d'exiger le paiement. L'acceptation ayant pour effet de rendre le tiré débiteur direct du porteur et par conséquent d'engager ses biens, le tiré est libre de donner ou de refuser son acceptation.

Si le tiré s'était engagé envers le tireur à accepter, et s'il refusait de le faire, il pourrait y avoir lieu à des dommages-intérêts envers le tireur qui n'aurait tiré sur lui que parce qu'il avait sa promesse d'accepter. Que faut-il décider dans le cas où le tiré, étant débiteur, au moment de la présentation, d'une somme au moins égale au montant de la lettre de change, ayant par conséquent provision, refusait d'accepter? Le tireur aurait-il le droit de demander des dommages-intérêts? Lorsque le tiré n'est ni négociant, ni obligé pour une dette commerciale, il a le droit de refuser l'acceptation. Il ne serait pas juste, en effet, que sa condition fût rendu pire, qu'il devînt justiciable du Tribunal de Commerce, engagé solidaire, qu'il fût déchu du terme de grâce que les juges peuvent accorder au débiteur malheureux.

Quand le tiré est commerçant ou engagé commercialement, on décide généralement qu'il peut aussi refuser l'acceptation, bien qu'il ait reçu la provision, sans qu'il soit tenu de dommages-intérêts envers le tireur.

Le tireur peut imposer au porteur l'obligation de demander l'acceptation. Dans ce cas, le porteur est responsable du défaut de présentation, et il serait déchu de tout recours, s'il était prouvé par le tireur qu'il y avait provision au temps où la lettre aurait dû être présentée, et que la provision a été perdue par suite du défaut de présentation.

Les endosseurs peuvent imposer la même obligation à leurs cessionnaires. Ils peuvent même, ainsi que le tireur, stipuler que le porteur ne demandera pas l'acceptation ; elle n'est pas, en effet, de l'essence de la lettre de change, et c'est une erreur de croire qu'une lettre de change n'existe, n'est valable que quand elle a été acceptée par le tiré.

Forme de l'acceptation. — Art. 122. L'acceptation d'une lettre de change doit être signée. L'acceptation est exprimée par le mot *accepté.* Elle est datée, si la lettre est à un ou plusieurs jours ou mois de vue, et dans ce dernier cas, le défaut de date de l'acceptation rend la lettre exigible au terme y exprimé à compter de sa date.

Ainsi la première condition indispensable est la signature du tiré. L'acceptation ne peut donc se faire que par écrit, et le défaut de signature en emporte la nullité.

Elle ne peut être donnée de vive voix. Si elle était ainsi faite, ce serait non pas une acceptation, mais une simple promesse de payer, au vis-à-vis de celui qui l'aurait reçue.

Outre la signature du tiré, il faut que celui-ci indique son acceptation par le mot *accepté,* ou toute autre expression équivalente, montrant clairement son acceptation, car le mot *accepté* n'est point sacramentel, ainsi qu'on pourrait le croire.

Le mot *vu,* suivi de la date et de la signature ne suffirait pas pour prouver l'acceptation, s'il s'agissait d'une lettre à un ou plusieurs jours ou mois de vue ; car le tiré pourrait n'avoir eu que l'intention de faire courir l'échéance. Mais si la lettre était à jour fixe, il semble que le mot *vu* serait alors équivalent du mot *accepté,* car le tiré n'avait pas besoin de l'écrire, ni même de signer. Au reste, c'est une question de fait laissée à l'appréciation des juges.

Quid de la simple signature sans aucune autre mention ? C'est encore là une question de fait. Si l'échéance est à jour fixe, il y a présomption que la simple signature vaut acceptation, car on ne peut expliquer autrement sa présence. Si la lettre est à un certain délai de vue, la même présomption n'existe plus : car on peut aussi bien supposer que la signature a été mise pour constater le visa et faire courir l'échéance.

La date n'est exigée par la loi que dans les lettres de change payables après un certain temps de vue, parce que c'est le moyen de fixer l'époque de leur échéance. Si l'acceptation n'est pas datée, le délai de l'échéance court du lendemain de la date de la lettre. Ainsi une lettre datée du 1er mars à quinze jours de vue est présentée quelques jours après à l'acceptation, et acceptée sans date ; l'échéance aura lieu le 16 mars.

Il n'est pas nécessaire que l'acceptation indique la somme à payer, quoique cela soit plus prudent, en cas de fraude.

L'acceptation doit-elle être faite sur la lettre de change même, ou peut-elle être faite par acte séparé ? Elle doit être faite sur la lettre même. La loi n'ayant indiqué pour l'acceptation que la simple signature du tiré avec le mot *accepté* ou son équivalent, fait voir par cela même qu'elle entend que l'engagement soit pris sur le titre. S'il était pris par acte séparé, rien ne serait plus facile au tiré que de faire disparaître son acceptation, en enlevant frauduleusement l'acte qui la constate. En vain objecte-t-on à cela que l'aval peut être donné par acte séparé. La loi, ayant fait en faveur de l'aval une exception spéciale, l'a indiquée expressément et d'ailleurs, elle avait pour cela une raison qui n'existe pas pour l'acceptation : c'est que l'aval pouvant faire naître des soupçons sur la solvabilité du débiteur principal, puisque le porteur exigeait une garantie pour le paiement, il n'était pas juste que la prudence du créancier qui cherche une autre sûreté que la solvabilité de son débiteur, pût nuire à celui-ci. En outre, l'acceptation profite à tout le monde, tandis que l'aval donné par acte séparé peut n'être donné que pour une personne déterminée.

L'acceptation doit être pure et simple ; elle ne peut être conditionnelle. Le porteur peut donc refuser une telle acceptation, puisqu'elle est nulle aux yeux de la loi. Il y aura lieu alors à faire un protêt. L'acceptation doit être conforme à l'échéance, au lieu et au mode du paiement énoncés dans la lettre : toute acceptation contraire serait nulle. Mais si le porteur se trouve débiteur du tireur pour une somme moins forte que celle pour laquelle on a fait traite, il peut accepter seulement pour la somme qu'il reste devoir. Le tiré doit alors écrire dans son acceptation pour quelle somme il accepte. Quant au porteur il doit faire protester la lettre de change pour le surplus. Cette disposition semble contraire au principe que le créancier ne peut être forcé de ne recevoir qu'une partie de ce qui lui est dû. Mais comme le porteur recourt dans ce cas pour le surplus, soit contre le tireur, soit contre les endosseurs, il touchera en réalité tout ce qui lui est dû, sauf son action en dommages-intérêts, si cette acceptation partielle lui a fait éprouver quelque préjudice.

L'acceptation d'une lettre de change payable dans un autre lieu que celui de la résidence de l'accepteur, indique le domicile où le paiement doit être effectué ou les diligences faites.

C'est ce qu'on appelle une lettre à domicile. Par exemple, un commerçant de *Rouen* accepte une lettre de change payable par une autre maison qui lui appartient à *Paris*. Le second domicile, bien qu'indiqué dans le corps de la lettre de change, doit, pour plus de sûreté, être répété dans l'acceptation ; mais cette formalité n'est point prescrite à peine de nullité, et l'accepteur qui ne mentionnerait pas expressément dans son acceptation le domicile où il entend payer la lettre, serait supposé accepter tacitement celui qui est indiqué par le tireur.

Lorsque la lettre de change est faite en plusieurs exemplaires, le tiré ne doit mettre son acceptation que sur l'un d'eux.

L'acceptation se demande en présentant la lettre de change au tiré ; il n'est pas obligé de l'accepter immédiatement. On doit donc laisser la lettre entre ses mains, sans qu'il soit nécessaire d'exiger de lui un récépissé ; mais si le porteur en exige, il ne peut s'y refuser. La lettre de change doit être acceptée dans les vingt-quatre heures de la présentation : ce temps, en effet, est suffisant au tiré pour vérifier ses comptes et voir s'il est ou non débiteur du tireur. Si elle n'est pas rendue acceptée ou non acceptée, après l'expiration des vingt-quatre heures, celui qui l'a retenue est passible de dommages-intérêts envers le porteur. Il n'est pas besoin de sommation, et les dommages-intérêts sont arbitrés par le juge, selon le préjudice qu'éprouve le porteur. Ils seraient, par exemple, considérables, si le tireur avait fait faillite dans l'intervalle.

Effets de l'acceptation. — Une fois la lettre de change acceptée, le tireur a exécuté une de ses obligations ; il n'est plus le débiteur principal, il devient caution solidaire. Quant au tiré-accepteur, il contracte l'obligation de payer le montant de la lettre. C'est lui qui est désormais le débiteur principal. Le porteur devra s'adresser à lui en premier lieu, et ce n'est qu'à défaut de paiement qu'il se retournera contre le tireur et les endosseurs.

A l'égard du tireur, le tiré, par son acceptation, montre qu'il accepte le mandat qui lui est donné de payer ; il doit donc l'exécuter. Il en résulte que, de son côté, le mandant doit mettre le mandataire en état d'exécuter son mandat. Si donc, au moment où le tiré a accepté la lettre de change, il était débiteur envers le tireur d'une somme égale au montant de la lettre et exigible, il a le droit de refuser au tireur le paiement de cette somme, parce qu'il n'a accepté que comptant sur la provision qu'il avait entre les mains pour opérer ce paiement. Si la provision consistait non plus en une créance du tireur, mais en marchandises, et que le tireur vînt à faire faillite avant l'échéance, la saisie faite par les syndics sur la provision, ne serait pas valable, car le tiré n'a accepté que parce qu'il possédait cette provision, et il ne peut être forcé de s'en dessaisir, avant d'être indemnisé de l'obligation qu'il a contractée, et de toutes ses conséquences.

L'acceptation est irrévocable ; l'accepteur ne peut se refuser au paiement sous prétexte qu'au moment de l'acceptation il n'avait pas provision, puisque la loi déclare elle-même que l'acceptation suppose la provision. L'accepteur n'est pas restituable contre son acceptation quand même le tireur aurait failli à son insu avant qu'il eût accepté. Dans l'ancienne jurisprudence, cette question était controversée : le Code met fin à toute discussion à ce sujet. Si le tiré a accepté sans avoir la provision, il sera obligé de payer à l'échéance, bien qu'il ait ignoré, en acceptant, que le tireur était en faillite et ne pouvait en conséquence lui faire provision. C'était à lui d'être plus prudent, et de s'informer de la situation pécuniaire du tireur. La faillite du tireur survenue après l'acceptation n'a aucune influence non plus sur l'engagement du tiré.

L'acceptation donnée par suite de dol, de violence, est valable cependant, pourvu que le porteur soit de bonne foi et n'ait pas participé au dol ou à la violence : l'accepteur n'aura qu'un recours contre ceux qui les auront commis.

Quoique la loi déclare l'acceptation irrévocable, le tiré qui n'a pas encore rendu la lettre de change acceptée par lui, peut-il valablement effacer son acceptation ? Oui, dit Pothier, « parce que le concours de volontés qui forme un contrat, est un concours de volontés que les parties se sont réciproquement déclarées : sans cela, la volonté d'une partie ne peut acquérir de droit à l'autre partie, ni, par conséquent, être irrévocable. »

Pour pouvoir accepter, il faut être capable de s'engager : l'acceptation d'une femme mariée, sans l'autorisation de son mari, ne sera valable que comme simple promesse ; celle d'un mineur sera nulle. (Art. 113 et 114.)

Du refus d'acceptation et de ses effets. — Le refus d'acceptation est constaté par un acte extrajudiciaire, appelé protêt faute d'acceptation. Le porteur n'ayant aucun droit pour forcer le tiré à accepter, ne peut que constater son refus. Mais le tireur et les endosseurs sont garants solidaires de l'acceptation. Dans le droit commun, le cédant ne répond de la solvabilité du débiteur que quand il s'y est engagé, et jusqu'à concurrence seulement du prix qu'il a retiré de la créance. L'intérêt du commerce a fait déroger à ce principe. Chaque cédant de la lettre de change répond envers son cessionnaire, non-seulement de la solvabilité au jour de l'échéance, mais encore de l'acceptation du tiré avant cette époque. Aussi, sur la notification du protêt faute d'acceptation, les endosseurs et le tireur sont respectivement tenus de donner caution pour assurer le paiement de la lettre de change à son échéance, ou d'en effectuer le remboursement avec les frais de protêt et de rechange. La caution, soit du tireur, soit de l'endosseur, n'est solidaire qu'avec celui qu'elle a cautionné. Ainsi, la caution du dernier endosseur ne devra payer qu'aux lieu et place de cet endosseur, et non des autres endosseurs ou du tireur ; mais elle est solidaire avec celui qu'elle cautionne, de sorte que si elle est poursuivie, même avant celui-ci, elle devra payer, sans pouvoir opposer au porteur le bénéfice de discussion.

Quand le porteur, notifiant à l'un des endosseurs le protêt faute d'acceptation, en reçoit une caution suffisante, il n'a pas le droit d'exiger que les autres endosseurs lui en donnent chacun une à leur tour. L'opinion contraire est soutenue par certains auteurs ; mais elle est évidemment contraire au principe qui régit les obligations solidaires ; car, lorsqu'une chose est due par plusieurs solidairement, elle est bien due, il est vrai, pour le tout par chacun des coobligés, mais elle n'est due qu'une seule fois, et le paiement fait par l'un d'eux libère tous les autres. Or, ce qui est dû ici, c'est une caution : dès qu'elle aura été fournie par l'un des endosseurs, les autres seront libérés, sauf leur recours les uns contre les autres, ainsi que nous le verrons plus loin.

L'endosseur actionné par le porteur, à défaut d'acceptation, n'est pas obligé de lui donner une caution : il peut, s'il le préfère, lui rembourser le montant de la lettre de change, avec les frais de protêt et de rechange, c'est-à-dire ce qu'il a été obligé de payer pour la négociation de la nouvelle lettre de change destinée à le rembourser du principal.

De l'accepteur par intervention. — L'acceptation par intervention est l'acte par lequel un tiers déclare accepter, pour le compte du tireur ou pour celui de l'un des endosseurs, une lettre de change protestée faute d'acceptation du tiré.

Il y a toujours un préjudice pour les commerçants dont la signature est en souffrance : indépendamment des frais qu'ils sont obligés de rembourser, puisque le porteur, en cas de refus d'accepter, doit faire protester et notifier le protêt aux endosseurs et au tireur, il peut s'ensuivre une atteinte à leur crédit, souvent peu justifiée, il est vrai, mais qui n'en produit pas moins son effet. C'est pour cela que le tireur, les endosseurs, peuvent indiquer sur la lettre de change des personnes qui, *au besoin,* paieront en cas de non paiement du tiré. Toute autre personne que ces *besoins* peut aussi bien intervenir et accepter une lettre de change à la place du tiré. Il se forme alors un quasi-contrat de gestion d'affaires entre l'intervenant et celui pour qui il accepte.

C'est donc afin de prévenir des frais et des poursuites contre le tireur et les endosseurs qu'on a introduit l'usage des acceptations par intervention, appelées aussi *sous-protêt* ou *acceptations pour faire honneur*.

L'acceptation par intervention doit se faire lors du protêt faute d'acceptation ; car ce n'est qu'à ce moment qu'il est certain que le tiré n'acceptera pas. Elle doit donc suivre de très près le protêt sans pouvoir jamais le précéder. L'intervenant déclare à l'huissier que ne voulant pas laisser la signature du tireur ou de l'un des endosseurs en souffrance, il accepte par intervention. L'intervention est mentionnée dans l'acte de protêt et signée par l'accepteur.

Par qui peut être faite l'intervention ? Par toute personne qui n'est pas déjà signataire de la lettre de change et qui est capable de s'obliger : c'est ce que la loi entend par *tiers*. Ainsi, le tireur, les endosseurs ne peuvent accepter par intervention. Celui qui est indiqué au besoin peut accepter aussi, car il est étranger à la lettre de change, et même c'est pour suppléer au défaut d'acceptation ou de paiement, qu'il a été indiqué.

Quant au tiré, il peut aussi accepter par intervention : c'est un tiers ; car, jusque-là, il n'est pas signataire de la lettre. Il peut refuser d'accepter lui-même, soit parce qu'il ne doit rien au tireur, soit parce qu'il n'a pas reçu la provision et qu'il n'a pas confiance en la solvabilité du tireur ; mais il peut intervenir pour l'un des endosseurs, pour faire honneur à sa signature, parce qu'il a confiance en cet endosseur, ou même parce qu'il se trouve en ce moment avoir entre les mains des fonds appartenant à cet endosseur.

Le tiré peut même accepter pour le tireur en qui il a confiance. Il a intérêt à agir ainsi quelquefois. Ainsi, si le tireur ne lui a pas envoyé la provision, s'il accepte purement et simplement, il sera censé avoir reçu la provision, et si réellement il ne l'a pas reçue, il sera obligé d'en faire la preuve. Au contraire, il ne sera point chargé de faire cette preuve, s'il accepte comme intervenant.

L'intervenant peut agir, soit pour le tireur, soit pour l'un des endosseurs. Il peut même agir pour le tireur et les endosseurs à la fois. S'il ne déclare pas pour qui il intervient, il est censé le faire pour tous les signataires de la lettre.

Si plusieurs personnes se présentent à la fois pour accepter par intervention, on doit préférer d'abord celui qui en a reçu le mandat ; à son défaut, celui qui a été indiqué au besoin. Mais quand il se présente plusieurs personnes sans mandat, ni indication, on décide que celui-là doit être préféré qui opère le plus de libérations. Ainsi, deux intervenants se présentent, l'un pour le tireur, l'autre pour le premier endosseur ; on doit préférer le premier, parce qu'il libère à la fois le tireur et le premier endosseur. Si, au contraire, on avait préféré l'intervention pour le premier endosseur, le tireur aurait encore été soumis au recours de celui-ci.

L'intervenant est tenu de notifier sans délai son intervention à celui pour qui il est intervenu, afin que ce dernier puisse prendre ses mesures pour sauvegarder ses intérêts. Ainsi, si l'intervention a été faite pour le tireur, il a besoin de la connaître, parce qu'autrement il pourrait envoyer la provision à l'échéance, ou bien, s'il l'a envoyée, pour pouvoir la retirer. Le défaut de notification pouvant porter préjudice à celui pour qui on est intervenu, peut donner lieu à des dommages-intérêts en sa faveur. Il n'est pas nécessaire, comme semble le dire la loi, que l'intervention soit dénoncée par une *notification :* un simple avertissement suffit ; mais il doit être fait le plus promptement possible.

Effets de l'acceptation par intervention. — L'intervenant se met à la place du tiré, de telle sorte que si celui-ci ayant déjà refusé d'accepter, refuse encore de payer, ce sera l'intervenant qui paiera. Le porteur a donc reçu un nouveau débiteur, une nouvelle garantie autre que celle qui devait lui être fournie. Or, il a le droit de ne pas se contenter d'un pareil changement. Le tireur et les endosseurs, qui étaient obligés à lui donner l'engagement du tiré, ne peuvent pas se libérer en lui procurant l'engagement du premier venu. Aussi la loi déclare-t-elle que le porteur de la lettre de change conserve tous ses droits contre le tireur et les endosseurs, à raison du défaut d'acceptation du tiré, nonobstant toutes acceptations par intervention. Dès lors, à quoi peut servir cette intervention, si, malgré elle, le porteur peut attaquer le tireur et les endosseurs ? A suspendre les poursuites, sinon *en droit*, du moins *en fait*. Le porteur a le droit d'exiger du tireur ou des endosseurs une caution valable pour garantir le paiement à l'échéance, sinon il peut leur demander le remboursement immédiat de la lettre de change : or, si l'intervenant est solvable et offre une garantie suffisante, les signataires de la lettre pourront opposer aux poursuites du porteur la solvabilité de cette personne, et se faire dispenser de donner une caution qui n'est plus nécessaire. D'ailleurs, dans la plupart des cas, le porteur qui trouve, sans poursuites, une sûreté aussi grande que celle que lui eût donnée une caution, n'aura plus d'intérêt à recourir à des poursuites, peut-être longues et coûteuses, et y renoncera de lui-même.

Quand c'est le tiré qui intervient pour le tireur ou pour les endosseurs, le porteur n'ayant plus le droit d'attaquer ceux-ci, puisqu'il a l'engagement qu'ils étaient obligés de lui fournir, doit se contenter de cette intervention, quelle que soit la solvabilité du tiré : peu importe, en effet, pour quel motif le tiré a accepté.

III. — ENGAGEMENTS DES ENDOSSEURS. — 1° *De l'endossement.* — Le preneur à qui le tireur a remis la lettre de change, moyennant un prix, en est devenu propriétaire : lui seul, ou son mandataire, peut en recevoir valablement le paiement et poursuivre l'accepteur. Mais il peut vouloir céder son titre et rentrer, avant l'échéance, dans ce qu'il a déboursé. En droit commun, le cessionnaire doit faire notifier au débiteur cédé qu'il est devenu son créancier, afin qu'il ne puisse pas se libérer aux mains de son créancier primitif, ou de ses ayants-droit ; ou bien le débiteur doit accepter la cession dans l'acte même de cession. Ces principes étaient inapplicables en matière de lettre de change où tout requiert célérité, et où le moindre retard peut causer un préjudice. Vers le XVIIe siècle, on admit que la propriété de la lettre de change se transfèrerait par l'endossement.

L'endossement est donc un acte par lequel le propriétaire d'une lettre de change la cède à un autre, moyennant certaines formalités, en demeurant garant du paiement à l'échéance. Cet acte s'appelle endossement, parce qu'il est écrit au dos de la lettre. L'*endosseur* est celui qui cède ainsi sa propriété. Son cessionnaire s'appelle *porteur ;* s'il cède lui-même la lettre de change, il devient à son tour endosseur. On dit de celui qui fait un endossement, qu'il passe son ordre. Pour qu'une lettre de change soit transmissible par endossement, il faut nécessairement qu'elle soit à ordre.

Il y a deux sortes d'endossements : l'endossement régulier qui est fait suivant les formes de la loi, et qui transfère la propriété du titre, et l'endossement irrégulier qui manque d'une des formalités nécessaires, et qui n'est plus qu'un mandat, ne transférant pas la propriété.

L'endossement est régulier à trois conditions ; il faut :

1° Qu'il soit daté ;

2° Qu'il exprime la valeur fournie ;

3° Qu'il énonce le nom de celui à l'ordre de qui il est passé.

1° Date. — La date est nécessaire pour savoir si le cessionnaire était capable de s'engager en devenant signataire d'une lettre de change. Elle est indispensable aussi pour qu'en cas de faillite de l'endosseur, on puisse reconnaître si l'endossement a été fait depuis la faillite de ce dernier, et si, par conséquent, il est nul : il a donc pour objet d'empêcher la fraude au préjudice des créanciers.

Il est défendu d'antidater les ordres, à peine de faux : c'est afin d'empêcher ceux qui auraient des lettres de change avec des ordres en blanc, d'antidater ces ordres avant leur faillite, afin de recevoir le montant de ces lettres sous le nom de personnes interposées ou de les donner en paiement à quelques-uns de leurs créanciers, au détriment des autres.

2° Indication de la valeur fournie. — La loi veut que la cause du contrat qui se forme entre l'endosseur et le cessionnaire soit clairement indiquée dans l'endossement comme dans le corps de la lettre de change : il faut donc appliquer ici ce que nous avons dit au sujet des énonciations de la lettre.

3° Enfin, il faut le nom de celui à l'ordre de qui la lettre de change est passée.

Il faut, de plus, la signature de l'endosseur, sans laquelle la propriété ne serait pas transférée et l'endossement serait nul. Il n'est pas nécessaire que toutes les mentions que nous avons indiquées soient écrites de la main de l'endosseur, pas plus que cette formalité n'est exigée pour les diverses énonciations de la lettre. L'endossement doit être fait sur la lettre même et non pas par acte séparé ; sans cela, ce ne serait plus un endossement, mais une cession ordinaire. Il n'est pas besoin qu'il y ait remise de place en place dans l'endossement : il peut donc être souscrit dans le lieu même où la lettre est payable. Mais il y a une exception à ce principe : c'est quand elle est à l'ordre du tireur. Le contrat n'est parfait dans ce cas que par l'endossement, comme il n'y a contrat de change qu'autant qu'il y a remise d'argent de place en place, si le *tireur* endossait la lettre dans le lieu où elle est payable, il n'y aurait pas lettre de change.

L'endossement régulier a pour effet de transférer la propriété de la lettre de change, non-seulement entre les parties, mais encore à l'égard des tiers : les créanciers de l'endosseur ne peuvent donc plus mettre une saisie-arrêt sur les sommes cédées à celui à qui l'endossement est passé. L'hypothèque qui garantit le paiement d'une lettre de change est aussi transférée au porteur avec la propriété du titre. Il en est de même de la propriété de la provision. Il résulte de l'endossement régulier certains engagements que nous étudierons plus loin.

De l'endossement irrégulier. — Si l'endossement n'est pas conforme aux formalités de la loi, s'il manque une des mentions, l'endossement n'opère pas le transport de la propriété de la lettre de change, il n'est qu'une procuration. Si la signature seule manquait, ce ne serait ni un endossement, ni une procuration.

L'endossement *en blanc,* qui est l'endossement irrégulier par excellence, est celui dans lequel toutes les formalités légales manquent, et qui ne contient que la signature de l'endosseur : il diffère des autres endossements irréguliers, en ce que le porteur peut toujours le remplir et en faire un endossement régulier, en y inscrivant les mentions requises. Au contraire, le porteur ne peut jamais rectifier les autres endossements irréguliers, ou suppléer ce qui leur manque. Cela tient à ce que l'endosseur en blanc est censé donner à celui auquel il confie ce blanc-seing toute liberté pour en faire l'usage qu'il voudra : dans l'endossement irrégulier, celui qui a mis telle mention plutôt que telle autre, a eu des raisons pour agir ainsi, et n'a peut-être voulu faire produire à cet acte que des effets restreints : il ne faut donc pas que le porteur puisse le modifier à son gré et lui faire produire des effets opposés.

L'endossement en blanc a ses avantages et ses inconvénients. Ses avantages sont que la propriété de la lettre peut être transférée de la main à la main, sans que les noms des différents propriétaires soient connus ; aussi, toutes les personnes qui auront reçu la lettre de change sans que leur nom figure dans l'endossement ne seront point responsables du non-paiement. Le porteur ne pourra recourir que contre l'endosseur en blanc. — Ses inconvénients consistent précisément dans cette trop grande facilité de transport de propriété : celui qui trouve une lettre de change égarée, portant la signature d'un endosseur sans aucune autre mention, peut se l'approprier en remplissant les formalités qui manquent.

Si le détenteur se présente à l'échéance avec un endossement en blanc qu'il n'aura pas rempli, il ne sera pas supposé propriétaire de la lettre de change, et sera censé n'agir que comme mandataire, sauf la preuve contraire.

Les effets de l'endossement irrégulier sont bien différents de ceux de l'endossement régulier : la propriété de la lettre de change n'est point transférée ; le porteur n'est considéré que comme un mandataire chargé d'en opérer le recouvrement ou de faire les poursuites nécessaires. De là plusieurs conséquences très importantes :

1° Comme mandataire, il doit faire tous les actes nécessaires à la conservation des droits de son mandant ; il répond donc des suites de sa négligence si, par exemple, il n'a pas fait faire le protêt en temps utile et qu'il en est résulté un préjudice pour l'endosseur ;

2° Si le tiré est créancier de l'endosseur, il peut opposer au détenteur de la lettre la compensation de ce qui lui est dû par l'endosseur ;

3° Le porteur mandataire doit rendre compte à son mandant de la somme qu'il a touchée ;

4° En cas de faillite du porteur, ses créanciers n'ont aucun droit sur la lettre de change qu'ils trouvent dans ses papiers ;

5° Les créanciers de l'endosseur peuvent saisir-arrêter la somme encaissée entre les mains du porteur.

Le porteur, en vertu d'un endossement irrégulier, peut, quoique simple mandataire, céder valablement la lettre de change avant son échéance, par un endossement régulier. Il a ce droit, non pas comme propriétaire, puisqu'il ne l'est pas, mais comme mandataire, et à la charge de rendre compte du prix qu'il a reçu de cette négociation, car on peut considérer la négociation comme un moyen de recouvrement.

Quelle est, vis-à-vis du porteur, la position de celui qui, ne possédant la lettre de change qu'en vertu d'un endossement irrégulier, la transfère à son tour par un endossement régulier ? Est-il tenu personnellement envers le cessionnaire, en cas de non-paiement ?

Quelques auteurs et la Cour de Cassation décident que le porteur est en droit de recourir contre l'endosseur-mandataire. — Mais cette opinion nous semble contraire à la loi. — En effet, en quelle qualité le détenteur, par suite d'un endossement irrégulier, agit-il quand il demande le paiement de la lettre de change ou quand il la négocie ? En qualité de mandataire et non comme propriétaire. Or, il est de principe que le mandataire oblige son mandant, sans s'obliger lui-même. En vain objecte-t-on que toute personne qui appose sa signature sur une lettre de change est obligée ? Puisque l'article 138 déclare que l'endossement irrégulier ne transfère pas la propriété de la lettre de change, qu'il ne constitue qu'une procuration, la loi indique clairement qu'elle ne veut pas faire rentrer le détenteur, en vertu d'un tel endossement, dans la classe des signataires d'une lettre de change, mais des mandataires.

Quand le porteur de l'endossement irrégulier ou de l'endossement en blanc a réellement fourni à l'endosseur la contre-valeur de la lettre de change, il est admis à prouver par toute espèce de moyens que si l'endossement est irrégulier dans la forme, il ne l'est pas réellement au fond et que la propriété de la lettre lui a été valablement transférée. Mais il ne peut faire cette preuve que contre l'endosseur irrégulier ou ses créanciers, s'il est tombé en faillite.

Réciproquement un endossement irrégulier, quant à la forme, peut n'avoir pas eu pour but de transférer la propriété de la lettre de change. Malgré les termes formels de la loi et les conséquences juridiques qu'ils devraient rigoureusement produire, la jurisprudence admet constamment que quelle que soit la forme de l'endossement, il faudra rechercher quelle a été l'intention des parties et la suivre.

Ainsi l'endossement irrégulier ou en blanc d'une lettre de change dont le montant a été passé par compte-courant, transfère la propriété; ainsi, d'un autre côté, la lettre de change régulièrement endossée à un banquier pour qu'il en fasse le recouvrement, ne lui transfère pas la propriété. Si bien que dans le premier cas l'endosseur ne pourra revendiquer l'effet de commerce qui se trouvera en nature dans le portefeuille du récoptionnaire en faillite, quoique l'endossement soit irrégulier, et qu'il le pourra dans le second cas, quoique l'endossement soit régulier.

2° *Engagements des endosseurs vis-à-vis du porteur.* — A l'égard du porteur, les endosseurs ont deux obligations :

1° Procurer l'acceptation ;

2° Garantir le paiement à l'échéance.

Quant à la provision, ce n'est point à eux à la fournir; car autrement ils paieraient deux fois, puisqu'ils ont donné chacun, soit au preneur, soit à celui à qui il avait transmis ses droits, la valeur de la lettre de change. Le tireur ayant reçu une certaine somme pour en faire trouver une égale au lieu et à l'époque indiqués, doit seul se mettre en mesure de tenir ses engagements. Mais les endosseurs ont intérêt à le stimuler à faire la provision, puisque si le porteur n'est pas payé, il recourra contre eux.

Les endosseurs sont garants solidaires avec le tireur, de l'acceptation et du paiement. Si le tiré refuse d'accepter, le porteur recourt contre son endosseur, cessionnaire soit direct soit indirect du tireur, qui est obligé de procurer l'engagement du tiré. Cet endosseur sera donc tenu de lui donner caution, ou de le rembourser du capital et de certains frais.

De même si à l'échéance le tiré ne paie pas, le porteur recourra contre son endosseur pour se faire rembourser de tout ce qu'il aurait reçu si la lettre avait été payée. Mais si le porteur n'a pas fait les diligences en temps utile, si le protêt a été fait tardivement, les endosseurs seront libérés de tout recours.

On a dit que si le porteur a un recours contre l'endosseur, c'est que celui-ci est regardé à son tour comme tireur. La véritable raison de ce recours, c'est la garantie. Il ne se forme point de nouveau contrat de change entre l'endosseur et le cessionnaire ; ce qui le prouve, c'est qu'une lettre de change peut passer entre les mains de plusieurs personnes par l'endossement, dans la ville même où elle est payable : ce qui est contraire à la nature du contrat de change. D'un autre côté, la position de l'endosseur n'est pas la même que celle du tireur envers son cessionnaire ; en effet, le défaut de protêt à l'échéance libère l'endosseur quand il y a acceptation, tandis que le tireur n'est libéré que s'il a fait provision.

Le preneur a transmis par l'endossement à son cessionnaire les droits et actions qu'il avait contre le tireur. Le cessionnaire, à défaut d'acceptation ou de paiement, peut agir contre l'endosseur et contre le tireur. Si ce cessionnaire devient à son tour cédant, il contracte la même obligation de garantie que son cédant avait contractée envers lui : le nouveau cessionnaire pourra agir contre le dernier endosseur et de plus contre l'endosseur précédent et le tireur. Voilà pourquoi le porteur a la faculté d'actionner, soit l'un des endosseurs à son choix, soit tous les endosseurs et le tireur, soit le tireur seul, car, par l'effet de cessions successives, il peut être regardé comme tenant la lettre de change du tireur lui-même.

3° *Engagements des endosseurs entre eux.* — D'après ce que nous venons de voir, il est facile de se rendre compte de la position des endosseurs les uns à l'égard des autres : ils ont tous réciproquement les mêmes obligations que chacun d'eux envers le porteur : procurer l'acceptation, garantir le paiement. Ainsi, le premier endosseur est garant du paiement vis-à-vis du second et de tous les endosseurs postérieurs ; le second endosseur contracte la même obligation vis-à-vis du troisième et de tous les endosseurs qui suivent, mais il est garanti par l'endosseur qui précède.

Quand le porteur, au refus du tiré d'accepter, se retourne contre son endosseur, celui-ci peut, à son choix, lui donner une caution ou le rembourser. S'il rembourse, il exercera à son tour son action en garantie contre l'endosseur précédent ; mais il ne peut exiger de lui qu'il le rembourse. Son cédant peut lui donner une caution, sauf à le rembourser à l'échéance si le tiré ne paie pas alors.

Les endosseurs peuvent recourir les uns contre les autres de deux manières : le dernier endosseur actionné par le porteur impayé peut le rembourser, puis actionner à son tour l'endosseur précédent, dans un certain délai, à peine de déchéance. S'il le préfère, il peut, avant de payer, appeler en garantie son endosseur, celui-ci appellera à son tour l'endosseur précédent, et ainsi de suite jusqu'à ce qu'on arrive au tireur, qui sera ainsi mis en jeu ; ou bien, chaque endosseur peut actionner en même temps les endosseurs précédents et le tireur. On voit l'avantage qui peut résulter du second moyen : au lieu d'une série de jugements coûteux et qui demanderont un temps très long, on n'aura qu'un seul jugement qui fixera en une seule fois les recours des divers endosseurs entre eux.

Chaque endosseur est, vis-à-vis de son cédant, un véritable porteur obligé d'exercer son action dans un certain délai, sous peine de déchéance ; cette déchéance éteint complètement son action ; mais, comme c'est une véritable prescription, elle ne peut être appliquée d'office par le juge.

IV. — ENGAGEMENT DU DONNEUR D'AVAL. — Le paiement d'une lettre de change, indépendamment de l'acceptation et de l'endossement, peut être garanti par un aval.

L'aval est donc un cautionnement donné par un tiers, c'est-à dire par un individu non signataire de la lettre de change, car autrement il se cautionnerait lui-même. Le mot *aval* vient de *à valoir,* parce que le porteur peut faire valoir ses droits contre le donneur d'aval.

L'aval diffère de l'endossement en ce que celui-ci, en transférant la propriété, entraîne *accessoirement* la garantie en cas de non paiement, tandis que l'aval a pour objet principal et unique la garantie. Pour pouvoir donner un aval, il faut être capable de s'engager par lettre de change, car l'aval entraîne la solidarité, sauf stipulation contraire.

L'aval se donne, soit sur la lettre même, soit par acte séparé, afin d'éviter par là la défiance qui pourrait en résulter sur la solvabilité des signataires ou de celui à l'égard de qui cette garantie est exigée, car l'aval peut être donné soit pour le tireur, soit pour l'accepteur, soit pour l'un des endosseurs. L'aval fait par acte séparé peut se faire par acte authentique ou sous-seing privé.

Fait sur la lettre même, il se constate par ces mots : *pour aval,* suivis de la signature de celui qui le souscrit. Mais ces mots ne sont point sacramentels, et on décide même que la signature, sur une lettre de change, d'une personne qui n'avait pas besoin de l'y mettre, doit être regardée comme un aval.

Le donneur d'aval est tenu envers le porteur par les mêmes voies que la personne qu'il cautionne : celui qui donne un aval pour le tireur, pour un endosseur, est soumis aux mêmes actions du porteur contre le tireur ou l'endosseur. Le donneur d'aval étant tenu solidairement envers le porteur au paiement de la lettre de change, il en résulte qu'il ne peut invoquer le bénéfice de discussion, ni celui de division d'action quand il y a plusieurs donneurs d'aval. Il est justiciable du Tribunal de Commerce.

Au reste, ces divers effets de l'aval peuvent être détruits par la convention des parties. Ainsi, le donneur d'aval peut stipuler que son cautionnement ne s'étendra qu'à une partie de la dette, qu'il ne sera pas engagé solidairement.

Le donneur d'aval est libéré quand celui qu'il a cautionné est aussi libéré ; il peut opposer au créancier toutes les exceptions qui lui appartiennent personnellement et qui sont inhérentes à la dette, ainsi que celles qui appartiennent au débiteur.

Quand l'aval est donné sur la lettre elle-même, il est donné en faveur de tout porteur ; mais quand il est donné par acte séparé, est-il donné à tout porteur de la lettre ou seulement à celui à qui l'acte est remis ?

Il faut surtout tenir compte de l'intention des parties, qui pourra se manifester par les termes et même par la forme de l'acte. Il est certain, par exemple, que quand l'aval sera donné par acte séparé, mais d'une façon générale, et quand l'écrit sera annexé à l'effet, il sera donné en faveur de tout porteur. C'est, en effet, alors, un véritable cautionnement qui, aux termes de l'article 1692 du Code Napoléon, passe avec la créance cédée par voie d'endossement, à celui à qui elle est cédée.

Mais quand la garantie sera donnée par une lettre missive adressée par celui qui donne cette garantie à celui qui l'a demandée, on doit décider que l'aval, ainsi donné par acte séparé, est donné *in personam*, uniquement en considération de celui à qui la lettre est adressée. Dans ce cas, le donneur d'aval ne pourra être actionné que par celui envers qui il sera engagé. Les endosseurs postérieurs ne peuvent en profiter ; car, lorsque la lettre de change leur a été transmise, ils ne pouvaient compter sur cette sûreté puisqu'ils ne la connaissaient pas.

QUESTIONS CONTROVERSÉES.

Droit romain.

1. Quid sibi hæc verba volunt : « Si verò intestati filiifamilias militantes, et a militià egressi decesserint, nullis liberis aut fratribus superstitibus, ad parentem eorum *Jure Communi* castrense peculium pertinebit ? » — Parentem scilicet tanquàm jure peculii succedere puto.

2. Tempore Justiniani, quia usufructus non utendo amittebatur, debebat ne dominus rem usucapere ? — Hoc non necesse erat.

Droit français.

Code Napoléon.

3. L'article 9 parle-t-il de la majorité établie par la loi française, ou de la majorité fixée par la loi du pays de celui qui réclame la qualité de français ? — De cette dernière.

4. Les enfants incestueux, nés de parents qui ne pouvaient se marier sans dispense, peuvent-ils être légitimés par le mariage subséquent de leurs père et mère ? — Non.

5. Quand le père est privé de ses droits de puissance paternelle, l'usufruit légal appartient-il à la mère ? — Oui.

6. Quelle est la part de l'enfant naturel dans la succession de ses père et mère, en présence de neveux légitimes du *de cujus*, la moitié ou les trois quarts ? — La moitié.

7. Quand un incapable fait novation d'une dette préexistante et que la nouvelle dette est annulée, l'annulation porte-t-elle sur le contrat entier de novation, de telle sorte que la première dette ne renaisse

pas ? — La première dette renaît ; cependant, il faut faire une distinction.

8. L'immeuble acquêt, donné conjointement par le mari et la femme à leur enfant, et leur revenant dans le cas de l'article 747, est-il propre pour moitié à chaque époux ou commun ? — Il est propre pour moitié.

9. Quand les biens d'un débiteur sont grevés de plusieurs hypothèques légales ou judiciaires, et que le débiteur acquiert un autre immeuble, les créanciers seront-ils colloqués au marc le franc sur le prix de cet immeuble, ou par ordre de dates de leurs inscriptions ? — Suivant l'ordre de leurs inscriptions, et pour les hypothèques légales suivant les dates de ces hypothèques ou de la naissance des créances.

Procédure.

10. Les artistes dramatiques sont-ils justiciables du Tribunal de de Commerce ? — Non.

Code de Commerce.

11. La clause d'un acte de société en commandite portant que les commanditaires auront le droit de percevoir, en tout état de cause, l'intérêt de leur mise, est-elle opposable aux tiers, quoiqu'il n'en ait pas été fait mention dans l'extrait de l'acte de société publié en vertu des articles 42 et 43 ? — Non.

Droit administratif.

12. L'action en diffamation intentée par un particulier contre un ou plusieurs des membres d'un Conseil municipal, à raison d'imputations dirigées contre ce particulier dans une délibération à laquelle ils ont concouru, est-elle de la compétence des tribunaux judiciaires ou des tribunaux administratifs ? — Des tribunaux judiciaires.

Vu pour l'impression :
Le doyen,
ED. BODIN.

Nantes, Imp. de Mme v^e C. Mellinet, pl. du Pilori, 5.

www.ingramcontent.com/pod-product-compliance
Lightning Source LLC
Chambersburg PA
CBHW070910210326
41521CB00010B/2130